中央高校基本科研业务费专项资金项目
(No. 30919013405, No. 30919013243)
山东省社会科学规划研究一般项目(No. 18CZKJ32)
江苏省社科应用研究精品工程(人才发展)项目(No. 19SRB-20)

区域创新驱动发展的理论与实践
——基于山东省情

李钊　陈娜　高扬　李海波　主编

山东大学出版社
·济南·

图书在版编目(CIP)数据

区域创新驱动发展的理论与实践:基于山东省情/李钊等主编. —济南:山东大学出版社,2020.9

ISBN 978-7-5607-6728-4

Ⅰ. ①区… Ⅱ. ①李… Ⅲ. ①区域经济—国家创新系统—研究—山东 Ⅳ. ①F127.52

中国版本图书馆 CIP 数据核字(2020)第 186198 号

策划编辑 徐 翔
责任编辑 徐 翔
封面设计 牛 钧

出版发行 山东大学出版社
社 址 山东省济南市山大南路 20 号
邮政编码 250100
发行热线 (0531)88363008
经 销 新华书店
印 刷 山东和平商务有限公司
规 格 880 毫米×1230 毫米 1/32
7 印张 220 千字
版 次 2020 年 9 月第 1 版
印 次 2020 年 9 月第 1 次印刷
定 价 36.00 元

目　录

理论研究篇

一、区域创新发展的基本概念与理论

（一）区域创新发展的基本概念

1. 区域创新

一般而言，创新指的是创造并发展一个本区域内的新事物，它可能是一个产品，也可能是一种无形的服务或思维。狭义的区域创新指的是一种创新的区位聚集，一般以该地区的专利数量来测量。之后，有关区域创新这一概念的外延不断扩大，出现了如区域创新系统（体系）、区域创新能力等概念。狭义的区域创新，有两个过程非常重要：创新的生产与知识的传播。① 区域创新是指在特定范围内发生的所有创新活动和创新成果的总称，包括创新活动和创新成果两个方面。②

彼得·德鲁克（Peter Drucker）认为，创新就是通过改变产品和服务为客户提供价值和满意度。真正的创新需要商业化或价值实现，而正是"商业化或价值实现"这一特征使创新与单纯的知识创造区别开来，这也恰好符合米歇尔·吉特曼（Michelle Gittelman）和布鲁斯·科古特（Bruce Kogut）所强调的不能将知识获取与创造能力

---

① 刘伟. 社会资本与区域创新：理论发展、因果机制与政策意蕴[J]. 中国行政管理，2018(2)：65-70.

② 曹再兴，罗能生，黄艳艳. 我国区域创新同构的实证分析[J]. 科技进步与对策，2009，26(20)：32-36.

简单地归于创新能力的观点。[①] 因此,创新一定要强调新思想或新知识能够变成在市场中有价值的产品和服务,要为客户或社会创造价值。区域创新指在某一特定区域内,通过有效利用区域内的包括知识资源在内的各种资源,以企业为主体研发并拥有自主知识产权的技术,并在此基础上实现新产品或新服务的价值创造过程。[②]

2. 区域创新集群

"创新集聚"在英文文献中对应着两种表达:"Innovation Cluster"和"Innovation Agglomeration"。国内外学者们主要从两个方面界定其含义:一是各组织基于创新活动的联系;二是组织间所形成的网络合作关系。阿卜杜拉·哈姆杜奇(Abdelillah Hamdouch)认为,创新集聚是由组织和机构通过组织间和个人间的定期或更偶然的关系和网络进行正式或非正式的互动,并且共同对某个特定活动领域内的各种创新做出贡献。[③] 约瑟夫·熊彼特(Joseph Alois Schumpeter)认为,除了战争、革命以及气候等外部因素,创新的集群和增长的非周期性要素是经济波动的主要原因。他指出:"创新不是孤立事件,并且不在时间上均匀地分布,而是相反,它们趋于集群,或者说成簇地发生。"其次,创新甚至不是随机地均匀分布于整个经济系统,而是倾向集中于某些部门及其邻近部门。因而,研究创新集群问题大多是与经济波动,尤其是与经济长波相联系的。[④]

3. 区域创新与产业集群

由于存在着地域、结构、功能和目标等多项关联,区域创新与产业集群存在着必然联系和相互影响。迈克尔·波特(Michael E.

---

① GITTELMAN M,KOGUT B. Does good science lead to valuable knowledge biotechnology firms and the evolutionary logic of citation patterns[J]. Management Science,2003,49(4):366-382.

② 张钢,王宇峰. 知识集聚与区域创新——一个对我国 30 个地区的实证研究[J]. 科学学研究,2010,28(3):449-458.

③ 马鹤丹,邬娟. 区域创新集聚下的企业知识创新系统研究[J]. 科技进步与对策,2012,29(24):161-164.

④ 杨洸,雷加骕. 国外创新集群研究述评[J]. 经济学动态,1994(6):64-68.

Porter)在 20 世纪 90 年代提出了产业集群的概念,并采用集群分析方法对区域创新能力进行了研究。他发现一国在某些区域的创新能力与该国在这些区域的产业集群优势有关。经济合作与发展组织(OECD,1999)以及巴皮斯塔(R. Bapista)等人的研究结论,均证明了产业集群对于提升区域创新能力具有显著的促进作用。发达国家有很多成功的区域都是依靠产业集群来增强区域创新能力,进而获得竞争优势的,如美国硅谷的信息产业、意大利的瓷砖业和纺织业、英国科技园和爱尔兰国家科技园等。由此可见,集群经济条件下的地方区域具有创新优势,产业集群具有的群体竞争协作优势和集聚形成的规模效益,对区域创新的作用是显而易见的。①

创新驱动是产业集群升级的主要动力,依靠创新主体间的互动协同、创新要素的优化配置、创新机制的联动作用和创新环境的共同保障,形成以企业为主体的技术创新、高校院所为主体的知识创新、政府为主体的制度创新、中介服务机构为主体的服务创新以及金融机构的金融创新,并进行创新功能的集成,共同推动产业集群的升级和发展。产业集群升级战略要围绕构建创新驱动体系的构建和创新驱动能力的形成,从创新要素、创新主体、创新机制和创新环境四个维度展开,依靠创新功能集成实现集群升级。②

(二)区域创新驱动发展的基本理论

1. 区域创新驱动发展的内涵特征

迈克尔·波特首创“创新驱动”这一概念并将其用于对发展阶段的界定,将经济发展划分为要素驱动、投资驱动、创新驱动和财富驱动四个阶段。③ 创新驱动发展的内涵十分丰富,其中“创新”是着

---

① 方永恒,梁倩. 基于产业集群的区域创新系统研究[J]. 科技进步与对策,2011,28(15):61-64.

② 王来军. 基于创新驱动的产业集群升级研究[D]. 中共中央党校,2014.

③ PORTER M E. The Competitive Advantage of Nations [J], Harvard Business Review,1990,68(2):73-93.

力点，就是要掌握核心技术，鼓励原创突破，激发新思想和新探索。"发展"是落脚点，就是要通过经济发展方式的根本性转变，实现更高质量的持续健康发展，进而迈进现代化国家行列。傅家骥将技术创新定义为技术变为商品并在市场上销售实现其价值，从而获得经济效益的过程和行为。① 洪银兴认为，创新即要素的新组合，创新成为推动经济增长主动力就是创新驱动。② 综合学者们的定义，创新驱动发展的实质是科技创新和技术创新的结合，终端是产业创新，组织者是创新领军人才和创业领军人才，中介是政府，载体是创新园区（平台），特征是以创新知识密集产业和绿色技术产业相互结合为标志。③

2. 国内外区域创新驱动发展模式

国内区域创新驱动发展的模式有两种。第一种将区域创新体系的模式划分为企业主导型、政府主导型、研发主导型、市场主导型四种：

（1）企业主导型区域创新体系模式在表现形式上呈现出产业聚集和大企业带动两大发展趋势。企业主导型的区域创新体系着眼点更加偏重于解决生产实际中所遇到的技术问题，以应用研究创新为主。

（2）政府主导型的区域创新体系模式是指政府在区域创新体系中居于中心地位，发挥主导核心作用；政府主导官产学研之间的共同合作；政府在支持基础性研究方面投入巨大。

（3）研究开发主导型模式是指知识创新中心（包括科研机构、高等院校）在创新体系中居于中心地位，成为区域创新资源配置的枢纽。创新过程各环节分离，集成创新推动"技术聚变"。

---

① 傅家骥，程源．面对知识经济的挑战，该抓什么？——再论技术创新[J]．中国软科学，1998(7)：36-39.

② 洪银兴．关于创新驱动和协同创新的若干重要概念[J]．经济理论与经济管理，2013(5)：5-12.

③ 杨阳，顾春光，刘浩．区域创新双层驱动理论模型的构建研究[J]．管理现代化，2015，35(4)：40-42.

(4)市场主导型的区域创新体系模式是指市场成为区域创新资源配置的枢纽。其特征是以市场为核心形成区域创新网络,完善的市场机制使得风险投资成为创新的主要推动力。[①]

第二种将区域创新体系的模式划分为企业主导型、价值网络型、高校—科研机构主导型、政府主导型四种:

(1)企业主导型的区域创新体系:面对激烈的市场竞争,企业为了获得持续的竞争优势就会积极开展创新活动,成为了区域创新体系的主要推动力量。

(2)价值网络型的区域创新体系:在一个地区的经济和科技实力都很强的时候,以企业为主的各个创新主体享有充分的创新资源,受到一定的创新激励就会积极努力地开展创新活动。

(3)高校—科研机构主导型的区域创新体系:有些地区的经济发展相对滞后,而科技教育实力却较强,典型的如陕西西安,就表现为高校—科研机构主导的区域创新体系。随着科技教育体制的改革,高校科研机构本身有动力积极进行科技成果转化,还有大量的科研人员依托技术优势自己开办企业进行科技成果的转化。

(4)政府主导型的区域创新体系:在经济和科技实力都较弱的情况下,企业和高校科研机构的创新能力都不强,需要外部力量的强有力支持。经济实力弱往往意味着市场机制不健全,存在"市场失灵",这时政府的作用便会凸显出来。

国外区域创新驱动发展的模式有两种。第一种国外区域创新体系模式包括:

(1)市场牵引型的美国的区域创新体系:成熟的市场体系和市场服务;以市场为核心形成区域创新网络;"弱干预"是政府的主要行为特点。

(2)研发驱动型的日本区域科技创新体系:高效配置研发资源;重点推进应用型研发;集成创新推动"技术聚变"。

---

① 廖杰,顾新.区域创新体系的构建模式研究[J].科技管理研究,2009,29(12):17-19.

(3)政府主导型的韩国区域科技创新体系:明确以科技为中心的国家体制;鼓励引进消化吸收的技术创新战略;政府主导官产学研之间的协同合作。

(4)重点扩散型的印度的区域科技创新体系:科技创新资源向软件产业重点倾斜;发展软件业成为政府制度创新重点;重点培育计算机软件产业集群。其经验在于区域创新体系的成功有赖于完善的市场经济体制;区域创新体系的有效运转取决于相互协调的系统配置。合理的自主创新战略是区域创新体系成功的关键,政府要在建设区域创新体系中发挥适当作用,发展高新技术产业集群是区域创新体系可持续发展的动力。①

第二种国外区域创新体系模式包括:

(1)美国原发性创新模式:政府主导创新网络有助于调动各创新主体的积极性,推动政府、企业及高校—科研院所间紧密合作与配合。政府强大的研发经费投入,企业、政府、高校创新联盟通力合作。

(2)日本从“技术引进”到“技术赶超”创新模式:重视“二次创新”,并以市场需求为导向进行创新,适时推行“破坏性创新”。

(3)韩国主导产业创新模式:拥有完备的法律、政策支撑体系;政府、企业研发投入水平高;具有明确的自主创新发展战略目标。

这些模式的经验启示在于:①加强政府的宏观引导与政策法律的支持;②以市场需求为导向,调整产业结构;③构建官产学研合作机制。②

① 涂成林.国外区域创新体系不同模式的比较与借鉴[J].科技管理研究,2005(11):167-171.

② 史安娜,宋超.典型区域创新模式的国际经验比较[J].商业研究,2013(9):45-50.

二、区域创新驱动发展的主流经典理论

（一）创新三螺旋理论

1. 创新三螺旋的概念

三螺旋是大学—产业—政府三方在创新中密切合作、相互作用，同时每一方都保持自己的独立身份的一种创新模式。[①] 该模式由纽约州立大学石溪分校和颇彻斯分校政策研究中心主任亨瑞·埃茨科威兹（Henry Etzkowitz）提出，旨在通过三螺旋来研究大学、产业与政府之间的关系。[②] 创新三螺旋模式及其研究已成为一大国际创新主流理论，并在实践过程中彰显出其强大的生命力。[③] 我国学者也相继发表了相关研究成果，并将这一理论应用到区域发展、产学研研究以及创业型大学等实践活动中。

2. 创新三螺旋的提出与发展

三螺旋这一概念最早来自生命科学领域。20 世纪 90 年代中后期，三螺旋模型理论成为一种流行的创新结构理论。埃茨科威兹首次对三螺旋模型的概念进行界定，以解释大学、商业和政府三者在知识经济时代的新关系。洛埃特·雷迭斯多夫（Loet Leydesdorff）

---

① ［美］亨瑞·埃茨科威兹. 国家创新模式——大学、产业、政府“三螺旋”创新战略［M］. 周春彦，译。北京：东方出版社，2006：1.

② 匡维. “三螺旋”理论下的高等职业技术教育校企合作［J］. 高教探索，2010（01）：115-119.

③ 李海波. 国内区域创新三螺旋研究的国内热点与趋势探讨［C］. 中国科学学与科技政策研究会. 第七届中国科技政策与管理学术年会论文集，2011：842-851.

则对此概念进行了发展并提供了该模型的理论系统。[①] 区别于传统创新系统理论以企业或政府单个角色作为创新系统的核心要素，三螺旋创新理论强调官产学三者紧密合作、共同创新，它认为大学、产业和政府的“交迭”(overlap)才是创新系统的核心单元，其三方联系是推动知识生产和传播的重要因素。[②] 三方互相作用，将知识转化为生产力，从而推动创新螺旋上升。[③] 此后，三螺旋逐渐介入高等教育研究领域，为分析第三次学术革命、探索大学的第二次转型、研究产学研模式等一系列高等教育问题提供了全新的分析视角与研究框架。[④]

自1996年以来，国际上召开了十多届三螺旋国际研讨会，从研究定位、知识资本化、创业型大学、科学园区、发展中国家的新兴三螺旋模型、创新型经济增长等多个角度进行了探讨，见证着创新三螺旋理论的不断发展。[⑤]

我国的三螺旋创新研究可以追溯到20世纪末。1999年，学者张丰超、王德禄等人从三螺旋理论、区域创新网络理论等视角，对现代区域经济的发展作出了解释。方卫华[⑥]是国内首位系统研究三螺旋模型及其内涵、主要结构及公共政策含义的学者。他认为，作为曾经分离的三个领域，当前学术界、产业和政府的关系正变得趋同和交叉，而三螺旋模型正是试图揭示和精确描述在创新系统中正出现的制度力量的新结构，这种制度网络化并形成一个由行政链、生

---

① 吴敏. 基于三螺旋模型理论的区域创新系统研究[J]. 中国科技论坛，2006(1)：36-40.

② 李明珍，张洁音. 我国三螺旋创新理论研究进展综述——基于CSSCI的分析[J]. 科技和产业，2015(9)：96-103.

③ 涂俊，吴贵生. 三重螺旋模型及其在我国的应用初探[J]. 科研管理，2006(3)：76-80

④ 匡维. “三螺旋”理论下的高等职业技术教育校企合作[J]. 高教探索，2010(1)：115-119.

⑤ 李明珍，张洁音. 我国三螺旋创新理论研究进展综述——基于CSSCI的分析[J]. 科技和产业，2015(9)：96-103.

⑥ 方卫华. 创新研究的三螺旋模型：概念、结构和公共政策含义[J]. 自然辩证法研究，2003(11)：69-72,78.

产链和科学链相互缠绕的螺旋状联系模式。[①]

2006 年，周春彦首次系统引进了三螺旋理论，并对该理论进行了深入研究。她翻译了《三螺旋：大学 · 产业 · 政府三元一体的创新战略》一书[②]，并持续对三螺旋理论进行了深入的开拓性、奠基式研究工作，提出了大学—公众—政府组成的可持续发展三螺旋共同构成了双三螺旋理论体系[③]；基于非线性理论模型提出了三螺旋场与三螺旋循环的创新三螺旋新的诠释视角[④]，推动了创新三螺旋的动力机制研究[⑤]。李海波等[⑥]对创新三螺旋的最新研究进展进行综述性研究后指出，三螺旋模型的优点是解决了国家创新系统理论过于重视机构组织和经济增长而对知识配置研究不够的问题及系统进化的动力问题，但该理论也存在研究对象相对局限、定量测度难、对实际政策指导有限等缺陷。[⑦] 周春彦等学者的努力为国内三螺旋创新理论的研究奠定了基础，推动了三螺旋创新理论的本土化和实践应用。王成军[⑧][⑨]则围绕官产学三螺旋创新理论的缘起、模型内涵和分类以及国际会议等内容，进行了三螺旋创新的知识集成和系统研究。

---

① 李明珍，张洁音. 我国三螺旋创新理论研究进展综述——基于 CSSCI 的分析[J]. 科技和产业，2015(09)：96-103.

② 周春彦. 大学—产业—政府三螺旋创新模式——亨利 · 埃茨科维兹《三螺旋》评介[J]. 自然辩证法研究，2006(4)：75-77，82.

③ 周春彦，[美]亨利 · 埃茨科威兹. 双三螺旋：创新与可持续发展[J]. 东北大学学报(社会科学版)，2006(3)：170-174.

④ 周春彦，[美]亨利 · 埃茨科威兹. 三螺旋创新模式的理论探讨[J]. 东北大学学报(社会科学版)，2008(4)：300-304.

⑤ 李海波. 国内区域创新三螺旋研究的国内热点与趋势探讨[C]. 中国科学学与科技政策研究会. 第七届中国科技政策与管理学术年会论文集，2011：842-851.

⑥ 牛盼强，谢富纪. 创新三重螺旋模型研究新进展[J]. 研究与发展管理，2009(5)：94-100.

⑦ 李明珍，张洁音. 我国三螺旋创新理论研究进展综述——基于 CSSCI 的分析[J]. 科技和产业，2015(9)：96-103.

⑧ 王成军. 大学—产业—政府三重螺旋研究[J]. 中国科技论坛，2005(1)：90-94.

⑨ 王成军. 官产学三重螺旋创新系统模型研究[J]. 科学学研究，2006(2)：315-320.

2010年，随着创新三螺旋的动力研究的进一步发展，劳埃特·雷迭斯多夫和马丁·迈耶尔(Martin Mayer)研究发现，除了结构关系动力模型外，创新三螺旋还存在由三种选择环境作用而形成的进化动力作用，即在知识经济条件下，三螺旋创新模式中的知识生产功能将与市场交换、政治控制功能发挥重要作用，形成区域创新的复杂进化动力。①

(二)创新生态系统

1. 创新生态系统的概念

创新生态系统是指一个区间内各种创新群落之间及与创新环境之间，通过物质流、能量流、信息流的联结传导，形成共生竞合、动态演化的开放、复杂系统。这一系统的根本目标是在可持续发展理念下促进创新持续涌现，通过将创新投入、创新需求、创新基础设施与创新管理在创新过程中的有机结合，实现高质量的经济发展。②对于创新生态系统的实践探索非常丰富，从国家政策、产业环境改善、文化氛围打造、人才支撑、经费投入等各个方面进行了深入探索。③ 目前美国、加拿大、芬兰、丹麦等国家都在积极推进各自国家不同层面的创新生态系统建设，并已经取得显著成效。④

2. 创新生态系统的提出与发展

创新生态系统是在创新体系研究基础上提出的。1987年，英国学者弗里曼出版了《技术政策与经济绩效：日本国家创新系统的经验》，首先提出国家创新体系这一概念，并从国家层面研究创新如何

---

① 李海波. 国内区域创新三螺旋研究的国内热点与趋势探讨[C]. 中国科学学与科技政策研究会。第七届中国科技政策与管理学术年会论文集，2011:842-851.

② 李万，常静，王敏杰，朱学彦，金爱民. 创新3.0与创新生态系统[J]. 科学学研究，2014，32(12):1761-1770.

③ 梅亮，陈劲，刘洋. 创新生态系统：源起、知识演进和理论框架[J]. 科学学研究，2014，32(12):1771-1780.

④ Council on Competitiveness. Innovate America: Thriving in a World of Challenge and Change[R]. National In novation Initiative Interim Report，2004:47.

影响经济增长以及如何构建创新体系。①

20 世纪 90 年代，詹姆斯·弗雷德里克·摩尔(James Frederick Moore)首次对企业生态系统进行了系统、科学的论述。他将企业生态系统定义为一种“基于组织互动的经济联合体”②，并进一步指出“企业生态系统是一种由客户、供应商、主要生产商、投资商、贸易合作伙伴、标准制定机构、工会、政府、社会公共服务机构和其他利益相关者等具有一定利益关系的组织或者群体构成的动态结构系统”。

2003 年初，美国总统科技顾问委员会(PCAST)开展了一项双管齐下的研究，以探索美国的创新领导力以及国家的创新生态面临的挑战。这项研究正式将创新生态系统(Innovation Ecosystem) 概念作为总括性核心概念。③ 2004 年，PCAST 相继发布了研究报告《维护国家的创新生态体系、信息技术制造和竞争力》《维护国家的创新生态系统：保持美国科学和工程能力之实力》，指出国家的技术和创新领导地位取决于有活力的、动态的“创新生态系统”，而非机械的终端对终端的过程。④⑤ 国家创新生态系统来源于以下几个卓越的组成部分：发明家、技术人才和创业者；积极进取的劳动力；世界水平的研究型大学；富有成效的研发中心(包括产业资助的和联邦资助的)；充满活力的风险资本产业；政府资助的聚焦于高度潜力

---

① [英]克里斯多夫·弗里曼. 技术政策与经济绩效：日本国家创新系统的经验[M]. 张宇轩，译. 南京：东南大学出版社，2008.

② Moore J F. Predators and prey: A new ecology of competition[J]. Harvard Business Review，1993，71(3)：75-86.

③ 曾国屏，苟尤钊，刘磊. 从“创新系统”到“创新生态系统”[J]. 科学学研究，2013，31(01)：4-12.

④ PCAST. Sustaining the Nation's Innovation Ecosystems, Information Technology Manufacturing and Competitiveness[R]. 2004.

⑤ 曾国屏，苟尤钊，刘磊. 从“创新系统”到“创新生态系统”[J]. 科学学研究，2013，31(01)：4-12.

领域的基础研究。①②

2004 年 7 月，美国竞争力委员会开始使用“创新生态”这一概念③，并于次年发布了正式报告《创新美国：全国创新高峰会议和报告》，将中期报告中使用的“创新框架”改进成“创新生态模型”④。两个报告都认为创新是决定美国在 21 世纪取得成功的最重要因素。

2008 年，PCAST 发表了名为《创新生态中的大学与私人部门研究伙伴关系》的报告⑤，指出创新生态系统包括从学术界、产业界、基金会、科学和经济组织到各级政府的一系列的行动者。创新生态系统并非按照明确定义各种行动者的作用而严格规划的，会受到许多条件的影响，例如法律和监管考虑等。每个行动者的相对位置以及鼓励或阻滞创新过程的条件，都会连续不断地变化。

2006 年，罗恩·阿德纳(Ron Adner)明确提出了企业创新生态系统，进一步凸显了创新的战略核心地位。他指出一个企业的创新成功不仅取决于自身的技术突破，而且还需要考虑相关合作伙伴的能力、意愿以及成功的可能性，并通过创新链协作和采用链整合快速提供面向客户的解决方案。⑥

朱迪·埃斯特琳(Judy Estrin)在 2009 年出版的《弥合创新鸿

① PCAST. Sustaining the Nation ' s Innovation Ecosystem: Maintaining the Strength of Our Science&Engineering Capabilities[R]. 2004.

② 曾国屏，苟尤钊，刘磊. 从“创新系统”到“创新生态系统”[J]. 科学学研究，2013，31(01)：4-12.

③ Council on Competitiveness. Innovate America: Thriving in a World of Challenge and Change[R]. National Innovation Initiative Interim Report，2004：17.

④ Council on Competitiveness. Innovate America: National Innovation Initiative Summit and Report[R]. 2005.

⑤ PCAST. University-Private Sector Research Partner ships in the Innovation Ecosystem[R]. 2008：15

⑥ 王宏起，汪英华，武建龙，等. 新能源汽车创新生态系统演进机理——基于比亚迪新能源汽车的案例研究[J]. 中国软科学，2016(04)：81-94.

沟:在全球经济中再点燃创造星火》[①]中指出,任何一家企业或组织的创新生态系统,都要依靠整个国家和世界的创新大环境,创新生态系统里的不同栖息者,主要可以分为三大群落:研究、开发和应用,三者间健康的平衡决定了国家创新生态系统的可持续性。由此她提出了一个创新生态模型,并特别强调扶持创新有五个要素的核心价值观,即询问、冒险、开放、耐心与信任,它们共同决定了个人、组织和国家的应变能力。[②]

2012 年,《崛起的挑战:美国应对全球经济的创新政策》一书强调,企业与大学之间密切的合作,公共和私人的风险性投资以及鼓励研究者创办公司的技术,构成了美国创新生态体系的主要特征。[③]

我国也十分重视对创新生态系统的研究。许多学者纷纷发表文章从理论和实践层面研究创新生态系统,政府也十分重视创新生态系统的构建。2011 年年底,我国科技部办公厅调研室和中国科技发展战略研究院共同举办"创新圆桌会议",邀请业界专家围绕专题研讨了"创新生态体系"的内涵、结构、特征、功能以及有关政策启示等内容,将其上升到我国建设创新型国家中决策咨询层面上的专题研讨。[④] 2012 年 1 月,深圳市政府工作报告提出"构建充满活力的创新生态体系",使创新生态系统进入区域决策层面。同年 7 月,深圳市委市政府向全国科技创新大会提交了"营造创新生态 加快建设国家创新型城市"的典型交流发言,将"创新生态"作为基础性总括概念,以此来总结深圳经过 30 年努力,在科研基础"先天不足"的情况

---

① [美]朱迪.埃斯特琳.美国创新在衰退?[M].闾佳,翁翼飞,译.北京:机械工业出版社,2010.

② 曾国屏,苟尤钊,刘磊.从"创新系统"到"创新生态系统"[J].科学学研究,2013,31(01):4-12.

③ Committee on Comparative National Innovation Policies. Rising to the Challenge: U. S. Innovation Policy for Global Economy[M]. Washington DC: The National Academic Press,2012:16-19.

④ 王缉慈,余江,王涛等.创新生态系统——创新圆桌会议 2011 年第四次会议发言摘要[N].科技日报,2012-01-15(2).

下,建成了充满活力的“创新绿洲”。随后在2012年11月,浦江创新论坛,以“产业变革与创新生态”为主题,探讨技术发展与产业变革的互动过程与未来趋势,分析创新生态建设的挑战与路径。[①]

目前,我国对“创新生态系统”的研究还处在初期,正在从多个领域展开,还需要结合我国的创新系统建设的实践,进一步从生态系统理论、系统自组织理论和复杂性理论、演化经济学等学科领域中吸收营养、借鉴方法,从而全方位地进行深入研究。[②]

(三)创新网络

1.创新网络的概念

创新网络是指各个行为主体以互动学习为动力和方式、以知识共享(Knowledge Resource Sharing,KRS)为基础,应对系统性创新而在互动过程中形成的灵活互惠的各种正式的和非正式的关系集合,能够通过主体间的协作、要素的流动、组织间学习性的外溢等形成优良的创新氛围,有助于创新网络的整体性与国家乃至全球创新体系形成有效对接和能量交换,集成和利用知识的创新行为,迅速增强创新能力。[③] 目前,网络视角(network perspective)已被创新领域的学者、企业人士和政府政策制定者广为接受。[④] 可以说,现在的创新过程已经变成了一种网络过程。[⑤]

2.创新网络的提出与发展

20世纪80年代中后期,创新网络理论逐渐形成并迅速发展起

---

① 曾国屏,苟尤钊,刘磊.从“创新系统”到“创新生态系统”[J].科学学研究,2013,31(01):4-12.

② 曾国屏,苟尤钊,刘磊.从“创新系统”到“创新生态系统”[J].科学学研究,2013,31(01):4-12.

③ 周志太.基于经济学视角的协同创新网络研究[D].吉林大学,2013.

④ 范群林,邵云飞,尹守军.企业内外部协同创新网络形成机制——基于中国东方汽轮机有限公司的案例研究[J].科学学研究,2014,32(10):1569-1579.

⑤ 解学梅.中小企业协同创新网络与创新绩效的实证研究[J].管理科学学报,2010,13(8): 51-64.

来，渗透到市场理论和组织理论的领域中，成为经济学家在分析经济全球化现象和创新现象时经常运用的理论工具。①

“创新网络”这一概念直接来源于创新研究领域的重要期刊 *Research Policy* 第 20 卷第 6 期（1991 年）关于“创新者网络”（networks of innovators）的研究专集。在该期的导论性文章②以及弗里曼的总结性论文③中，作者都是在完全等价的意义上交替使用“创新者网络”“创新网络”（innovation networks/ networks of innovation）等概念，并使用“创新联网”这一概念表示创新过程中企业的联网行为。④ 创新网络的定义较早来源于日本学者今井贤一（Ken-ichi Imai）等有关系统创新的著作，后续相关学者大多接受并印证了他们的定义，同时分别从多个视角对创新网络作了进一步阐述。⑤ 今井贤一等研究认为，系统创新要求的基本制度安排就是网络组织，其是市场和组织之间内部渗透的一种形式。⑥ 弗里曼在此基础上认为，创新网络是应付系统性创新的一种基本制度安排，网络构架的主要连结机制是企业间的创新合作关系。⑦

1996 年，菲利普·库克（Philip Cooke）进一步指出，创新网络的

---

① 周志太. 基于经济学视角的协同创新网络研究[D]. 吉林大学，2013.

② BEBRESSON C，Amesse F. Networks of innovators：A review and introduction to the issue[J]. Research Policy，1991，20：363- 379.

③ FREEMAN C. Networks of Innovators：Synthesis of Research Issues[J]. Research Policy，1991，20(5)：499-514.

④ 王大洲. 企业创新网络的进化与治理：一个文献综述[J]. 科研管理，2001(05)：96-103.

⑤ 韦文求，林雄，盘思桃，刘洋. 地区产业集群协同创新网络模式与机制[J] ，2018.(05)：108-116.

⑥ KEN-ICHI IMAI，YASUNORI BABA. Systemic innovation and cross-border networks：transcending markets and hierarchies to create a new technoeconomic system[R]. Tokyo：Hitotsubashi University，1989.

⑦ FREEMAN C. Networks of innovators：a synthesis of research issues[J]. Research Policy，1991，20(5)：499-514.

基本构成包括互惠、互信、学习、伙伴关系、分权。[①] 其中,互惠与互信是网络各方合作的基础,学习是合作的过程,伙伴关系和分权是网络形成后的结果。[②]

2001 年,沃尔特・W. 鲍威尔(Walter W. Powell)指出网络是亚当・斯密(Adam Smith)的"看不见的手"与艾尔弗雷德・D. 钱德勒(Alfred D. Chandler. Jr.)"看得见的手"之间的一次握手,创新系统从组织形式来看,其本质应该是创新网络。[③]

继国外学者之后,我国学者对创新网络概念也开始进行研究。刘友金等认为创新网络应着重关注企业之间及企业与其他类型网络成员之间的相互作用和各种正式以及非正式的交流、沟通和对话等。[④⑤] 魏江等认为,创新网络的价值根本性地体现在能够较好地应对技术和市场的不确定性以及创新过程的复杂性。[⑥⑦] 黎继子、蔡根女认为,创新网络是企业实现技术创新的战略组织形式,因为创新网络有助于节约交易费用、实现资源互补、促进组织学习以及促进技术创新。[⑧] 汪安佑等认为内部核心和外部核心要素共同支撑了创新网络的两大核心要素。其中内部核心要素是指各种企业,包括在产业链中具有上、下游关系的企业以及一些具有竞争关系的同行企业。外部支撑要素则涵盖了产学研机构、高校、政府、金融机构和中

---

① COOKE P. The New Wave of Regional Innovation Networks: Analy-sis, Characteristics and Strategy[J]. Small Business Economics, 1996, 8(2): 159-171.

② 吕国庆,曾刚,顾娜娜. 经济地理学视角下区域创新网络的研究综述[J]. 经济地理,2014,34(02):1-8.

③ 周志太. 基于经济学视角的协同创新网络研究[D]. 吉林大学,2013.

④ 刘友金,郭新. 集群式创新形成与演化机理研究[J]. 中国软科学,2003(02):91-95.

⑤ 赵颖斯. 创新网络中企业网络能力、网络位置与创新绩效的相关性研究[D]. 北京交通大学,2014.

⑥ 魏江. 小企业集群创新网络的知识溢出效应分析[J]. 科研管理,2003(04):54-60.

⑦ 邬爱其,魏江. 集群企业成功创新的网络模式及其动态匹配:浙江省的实证考察[J]. 中大管理研究,2007,2(04):72-92.

⑧ 黎继子,蔡根女. 论技术创新网络的竞争优势[J]. 商业时代,2004(17):54-55.

介机构。[①]

近年来,关于创新网络的研究日益丰富,吸收了现代创新研究的所有重要方面:新增长论强调知识累积的收益递增性;演化和产业经济学强调知识累积是非线性的路径依赖,是被市场和非市场组织的相互作用及各种制度所塑造的;制度主义强调公司和政府中组织创新的重要意义;创新社会学强调信任,避免专业化程度提高引起的交易费用增加。[②] 因此,创新网络成为经济地理学、演化经济学、新古典学说、发展经济学等多学科的研究对象。

(四)国家创新系统

1. 国家创新系统的概念

国家创新系统(National Innovation System,NIS)是指由私有企业和公共机构组成的组织和制度网络。这些机构的活动和相互作用决定了一个国家知识和技术的扩散能力,并影响这个国家的创新表现。它是从系统的角度来研究创新如何影响经济增长的理论框架,强调私有企业和公共机构的研究发展、学习过程、激励机制、人力资源流动等创新影响因素,重点关注整个创新系统中相互作用的联系和网络。[③] 国家创新系统理论是用于分析研究国家竞争力、产业竞争结构的重要理论,在指导国家宏观政策方面有着十分重要的作用,因此受到诸多国家的重视。[④]

2. 国家创新系统的提出与发展

20 世纪 80 年代后期,国家创新系统理论成为国际学术界关注

---

① 汪安佑,高沫丽,郭琳. 产业集群创新 IO 要素模型与案例分析[J]. 经济与管理研究,2008(04):18-22.

② 周志太. 基于经济学视角的协同创新网络研究[D]. 吉林大学,2013.

③ 刘朝马. 国家创新系统的研究现状与展望[J]. 科技进步与对策,2006(04):5-7.

④ 韩振海,李国平. 国家创新系统理论的演变评述[J]. 科学管理研究,2004(02):24-26,71.

的热门议题。[①] 一般认为，国家创新系统理论的思想来源于弗里曼、伦德威尔和理查德·R. 纳尔逊(Richard R. Nelson)的研究。[②]

20 世纪 70 年代后期，伦德威尔领导课题小组开始进行“国家创新系统”的相关研究。1985 年，伦德威尔在《产品创新：用户—生产者之间的相互作用》一书中提出了“国家创新系统”这一概念，弗里曼和纳尔逊等人认为这是这一概念的首次提出，他们采用并进一步发展了这一概念。[③]

1987 年，弗里曼出版了《技术政策与经济绩效：日本国家创新系统的经验》一书，提出“国家创新系统”的概念，并将其描述为一种由公共和私人部门共同构建的网络，一切新技术的发起、引进、改良和传播都通过这个网络中各个组成部分的活动和互动得以实现。[④] 其理论渊源来自于弗里德里希·李斯特(Friedrich List)在 1841 年出版的《政治经济学的国家体系》一书中所提出的“国家体系”概念和熊彼特所提出的创新理论[⑤]。由于弗里曼的著作受到了学术界的认可，产生了深远的影响，许多学者认为弗里曼是“国家创新系统”这一概念的首创者。

20 世纪 80 年代初期，纳尔逊也积极探索技术创新的国家制度安排，并且将创新问题与国家的竞争力问题联系起来进行考察。1986 年，他在提交给威尼斯国际创新扩散大会的论文中具体地讨论了美国国家创新体系中的劳动分工及其实绩，认为涉及科学生产的

① LU Y. Construction of Chinese national S&T innovation system and latest advancements in science and technology in China[J]. Current Science, 2001, 81(8): 930-936.

② 马艳艳，孙玉涛，徐茜. 国家创新系统运行协调度测度模型及实证[J]. 科学学与科学技术管理，2013，34(09)：46-54.

③ NIOSIJ, BELLONB. The global interdependence of national innovation systems: evidence, limits, and implications[J]. Technology in Society, 1994, 16(2): 173-197.

④ [英]克里斯托夫·弗里曼. 技术政策与经济绩效：日本国家创新系统的经验[M]. 张宇轩，译. 南京：东南大学出版社，2008：10.

⑤ 韩振海，李国平. 国家创新系统理论的演变评述[J]. 科学管理研究，2004(02)：24-26，71.

大学和其他公共机构是该体系的重要组成部分，它们的活动是对私人部门创新活动的重要补充。[①] 因此，亦不宜将纳尔逊教授排除在国家创新体系这一概念的原创者之外。

20 世纪 90 年代，国家创新系统的研究进展明显。1992 年，伦德威尔主编《国家创新系统：一种走向创新和交互性学习的理论》，着重进行国家创新系统的理论研究，特别强调消费者—生产者关系及“学习”在创新中的重要性。1993 年，纳尔逊主编的《国家创新系统：一个比较研究》，主要侧重于历史研究和案例研究，对美、日、英等国家或地区的创新系统进行了深入的案例研究，强调了国家创新系统的复杂性和多样性。1994 年，经合组织(OECD)启动“国家创新系统研究项目”，对多个国家的创新系统进行大规模的研究，相当于国家创新系统的“普查”，随之发表了一系列的报告。1997 年，艾昆斯特(Edquist)主编的《创新系统：技术、制度和组织》，更加关注创新与经济增长、就业的关系。[②]

20 世纪 90 年代初期，我国开始对国家创新系统进行研究。1992 年，经济科学出版社出版的多西(Giovanni Dosi)等主编的《技术进步与经济理论》一书首次将国家创新体系概念引入中国。[③] 1996 年，加拿大国际发展研究中心与国家科技部合作对我国 10 年的科技政策进行评价并出版的《十年改革：中国科技政策》是第一份系统介绍中国国家创新系统的报告，为进一步研究中国国家创新系统打下了基础。[④] 1997 年年底，中国科学院向中央提交了名为《迎接知识经济时代，建设国家创新体系》的研究报告，得到了中央领导同志的肯定。[⑤] 1998 年 8 月召开的全国技术创新大会更是将完善和发

---

① 王春法. 关于国家创新体系理论的思考[J]. 中国软科学，2003(5)：99-104.

② 刘立. 创新系统研究述评[J]. 中国科技论坛，2001(5)：12-15.

③ 关于国家创新体系理论的思考[J]. 中国软科学，2003(5)：99-104.

④ 周青，刘志高，朱华友，尹贻梅. 创新系统理论演进及其理论体系关系研究[J]. 科学学与科学技术管理，2012，33(2)：50-55.

⑤ 王春法. 关于国家创新体系理论的思考[J]. 中国软科学，2003(5)：99-104.

展国家创新体系当作一项长期战略任务提了出来。[①] 1998 年 9 月，中国科学院、中国社会科学院联合召开了“面向知识经济的国家创新体系”研讨会，并在此基础上出版了两所研究生院合编的《知识经济与国家创新体系》一书，就中国国家创新体系建设的方方面面进行了比较充分的阐述。[②] 随着国内学者对国家创新系统的研究不断深入，相关课题研究、论文和著作不断涌现。1998 年柳卸林发表的论文《国家创新体系的引入及其对中国的意义》、1999 年冯之浚主编的《国家创新系统的理论和实践》以及 1999 年李正风等编著的《中国创新系统研究》可以视为代表作品。[③] 21 世纪以来，王露、彭宜新等一些学者开始研究制度和国家创新系统的互动作用。[④⑤] 此外，张荣耀等国内学者结合对中国国家创新系统的研究，主要从要素、特点、中介服务机构等方面对国家创新系统进行理论与实证研究。[⑥]

近年来，国外学者围绕着国家创新体系研究又出现了一些新的进展，从而推动着国家创新体系的研究不断深化。这种研究的深化主要集中于四个方面：一是将国家创新体系进一步分解为区域创新体系或者是部门创新体系，从而将国家创新体系这个概念与区域经济学或者部门经济学结合起来；二是将国家创新体系与经济全球化联系起来进行研究；三是进行公司创新系统(CIS)的研究；四是国家创新系统的专业化。[⑦]

---

① 王春法．关于国家创新体系理论的思考[J]．中国软科学，2003(5)：99-104.

② 王春法．关于国家创新体系理论的思考[J]．中国软科学，2003(5)：99-104.

③ 刘立．创新系统研究述评[J]．中国科技论坛，2001(05)：12-15.

④ 王露，王铮，杨妍，马翠芳，龚轶．知识网络动态与政策控制(Ⅱ)：中国国家创新体系调控模拟[J]．科研管理，2002(1)：17-26.

⑤ 彭宜新，邹珊刚．国家创新能力与中国高技术产业发展[J]．华中科技大学学报(人文社会科学版)，2002(2)：62-66

⑥ 张荣耀．中国国家创新系统理论与实证研究综述[J]．商业现代化，2008(4)：398-399.

⑦ 王春法．关于国家创新体系理论的思考[J]．中国软科学，2003(5)：99-104.

(五)微笑曲线与死亡之谷

1. 微笑曲线

1992 年,我国台湾宏碁公司总裁施正荣先生根据其多年从事 IT 产业的经验,首先提出了"微笑曲线"(Smiling Curve)的概念。他用一个开口向上的抛物线来描述个人电脑制造流程中各个环节的附加值,由于曲线类似微笑的嘴形,所以被形象地称为"微笑曲线"。[①] 如图 1 所示,企业在不同的生产经营活动中所产生的附加价值是不相同的,在附加价值链的上游和下游,一般是科技密集型的经营活动,附加价值较高;而附加价值链的中游,一般是以成本为导向,属于劳动密集型的经营活动,附加价值较低,因此整个附加价值曲线看上去便像一条嘴角上扬的微笑曲线。[②] 施振荣认为,在全球化的条件下,信息技术企业在附加价值最低的中游部分累积了足够经验和能力之后,只有不断创新进取,向"微笑曲线"两端逐步升级,才能争取竞争的主动,扩大附加值及利润空间。[③] 由于宏碁公司的成功实践,加上微笑曲线简单形象且易于理解,因此很快为实业界和理论界所接受,成为指导制造业转型升级的统治性理论之一,并被广泛应用于企业和产业的分析中。[④]

---

① 余建形,徐维祥,楼杏丹."微笑曲线"和高技术产业发展[J].经济问题探索,2005(9):88-90.

② 叶娟,刘宏蛟.基于微笑曲线理论的中国建筑业核心竞争力研究[J].中国工程科学,2008,10(12):86-91.

③ 马永驰,季琳莉.从"微笑曲线"看"中国制造"背后的陷阱[J].统计与决策,2005(10):132-133.

④ 孙德升,刘峰,陈志.中国制造业转型升级与新微笑曲线理论[J].科技进步与对策,2017,34(15):49-54.

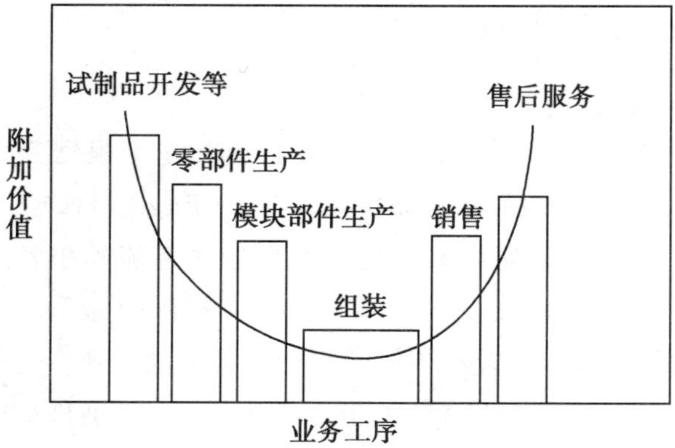

图 1　垫球技术分类

2. “死亡之谷”

1998 年,时任美国众议院科学委员会副委员长的弗农·埃勒斯(Vernon Ehlers)指出,在联邦政府重点资助的基础研究与产业界重点推进的产品开发之间存在着一条沟壑,他将之形象地比喻为“死亡之谷”(Valley of Death)。① 埃勒斯认为,政府有必要在“死亡之谷”上面搭建一座桥梁,以使众多基础研究成果能够越过“死亡之谷”实现商品化、产业化。② “死亡之谷”描述的是企业家在把研究中的发明转变成市场上的创新时所面临的各种挑战③(如图 2 所示)。科学技术是第一生产力,如果大量科技成果无法跨越“死亡之谷”,不能很好地转化为企业的生产能力和国家竞争力,那么科技投入效

① 周程,张杰军. 跨越创新过程中的“死亡之谷”——科技成果产业化问题刍议[J]. 科学学与科学技术管理,2010,31(3):50-55.

② EHLERS V. Unlocking Our Future: Toward a New National Science Policy[R/OL]. (2004-11-17)[2020-05-20]. http://web-harvest. gov/peth04/ 20041117182339/www. house. gov/science/Science_policy_report. htm.

③ 田华,田中. 美国国防高级研究计划局如何跨越“死亡之谷”? [J]. 科学学研究,2012,30(11):1627-1633.

益便会大打折扣，科研的价值也就很难获得充分体现。[①] “死亡之谷”目前已成为西方科技政策与创新管理学界用来形象地描述大量科技成果无法实现商品化、产业化之现象的流行用语，各国政府对推动基础研究成果跨越创新过程中的“死亡之谷”一事都非常重视。[②]

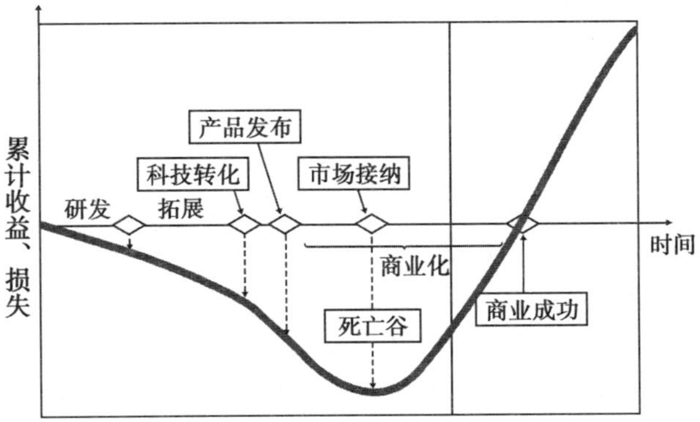

图 2　科技创新的“死亡之谷”

① 周程．“死亡之谷”何以能被跨越？——汉字激光照排系统的产业化进程研究[J]．自然辩证法通讯，2010，32(2)：30-42．

② 周程，张杰军．跨越创新过程中的“死亡之谷”——科技成果产业化问题刍议[J]．科学学与科学技术管理，2010，31(3)：50-55．

三、区域创新驱动发展的主要范式研究

（一）国内外创新范式回顾

传统创新范式源于约瑟夫·熊彼特界定的五种情况，即创新指代生产一种新的产品，采用一种新的生产工艺，开辟一个新的市场，获取一种新的原材料供应源，或建立一个新的组织。随着熊彼特主义的兴起，创新被视为经济增长的核心动力。各国学者结合本国实践对于创新理论展开了丰富的研究与探索，不同区域和国家情境下的创新范式出现。

自熊彼特提出创新经济学理论以来，美国学者最先从技术变革的经济学、产业研究与技术创新的关系等角度展开研究与探索，并关注于技术创新对经济增长和社会竞争优势的驱动作用等核心议题。其中，用户创新、开放式创新、颠覆式创新等典型创新范式相继涌现。用户创新聚焦于创新过程中用户的重要性，认为一切创新活动的根本在于满足用户的价值需求，而用户尤其是领先用户可作为新产品等创新的核心来源。开放式创新则聚焦于企业内外部的知识交互，强调企业通过打开组织的边界壁垒，从外部获取知识（内向开放）和从内部输出知识（外向开放）以提升企业的技术水平和竞争优势。颠覆式创新则关注行业在位者与新进入者的互动关系，认为行业新进入者可以通过进入新兴市场，创新技术、产品和商业模式等，重构传统市场的价值网络，最终实现对行业传统在位者以及行业传统价值链的颠覆与重构。以上美国情境下涌现的创新范式多以市场为导向、以经济收益需求为目标。[①]

欧洲情境下涌现的设计驱动创新、社会创新、公共创新、责任式创新等创新范式，多强调技术创新范式与人文、社会和价值观等属性的融合。[②] 设计驱动创新是指产品传递的信息及其设计语言的新颖程度超过技术新颖程度和产品功能时的创新，是技术与文化的一种整合，关注于产品技术属性之外的设计要素对产品价值输出的增值作用。社会创新被视为第六次社会宏观变革浪潮，它在本质上不同于经济层面的创新，并不是介绍新的产品或开拓新的市场，而是通过创新满足市场不能满足的新需求——即使受到市场的干预，更关注创新在经济属性之外的社会属性。亚洲主要国家的学者基于对本国创新实践的总结提出了相应的创新范式。

（二）中国主要创新范式

中国作为新兴经济体中最重要的发展中大国，中国学者也提出了本土的原创性创新范式，包括自主创新、全面创新、协同创新、整合式创新和有意义的创新等。

1. 自主创新

（1）自主创新产生背景

改革开放初期，中国企业主要依赖技术引进，受体制、观念和技术水平的影响，当时的企业更重视生产规模、引进零配件国产化、进口设备翻版仿制，陷入“引进—落后—再引进—再落后”的恶性循环。[③] 陈劲基于熊猫电子集团的深入调研发现，企业持续发展的关键在于自主设计与开发能力的提升。由此他提出自主创新的学术概念，并探讨了创新追赶过程中学习方式的变迁及其在国家或企业

---

① 陈劲，尹西明，梅亮. 整合式创新：基于东方智慧的新兴创新范式[J]. 技术经济，2017，36(12)：1-10，29.

② 陈劲，尹西明，梅亮. 整合式创新：基于东方智慧的新兴创新范式[J]. 技术经济，2017，36(12)：1-10，29.

③ 邢以群. 企业在技术引进中的行为分析[J]. 科学管理研究，1988(1)：60-65.

从技术吸收、改进到自主创新过程所发挥的作用。① 随后，自主创新理论体系不断完善，《国家中长期科学和技术发展规划纲要（2006—2020）》明确将自主创新调整为国家科技战略。

（2）自主创新范式内容与发展

自主创新是指通过自身学习与研发投入，形成自主开发能力，探索技术前沿，突破技术难关，在拥有自主知识产权基础上创造出新知识，并将技术知识转化为新产品、新工艺和新服务的过程，是通过原始性创新能力、集成创新能力和吸收能力提升，获取自主知识产权，进而提高企业和国家竞争力的创新范式。② 其中，自主是前提，创新是目的，提高创新能力是核心，获取核心技术和知识产权是关键。2010 年，陈劲等重新定义自主创新，即以全面创新管理为指引，以组合创新为平台，通过二次创新吸收国外先进技术，以集成创新实现技术范式突破，形成具有自主知识产权的技术发明和技术应用，为国家发展创造出显著经济效益和社会效益。

2. 全面创新

1997 年，郭斌等提出组合创新概念，认为其是指受组织因素和技术因素制约的系统性协同创新行为。在此基础上，许庆瑞等提出基于核心能力的组合创新范式，指出企业应考虑创新组合效应。③ 进入 21 世纪，中国企业技术创新面临新挑战，企业决策速度与实际能力间的矛盾更加突出，知识空前广泛分布下国内外创新资源整合能力不足、技术与非技术因素不协同带来的矛盾日渐突出④，企业技术创新缺乏与组织、文化、战略等非技术因素的协同，成为制约中国企业创新的重要因素。

---

① 尹西明，陈红花，陈劲. 中国特色创新理论发展研究——改革开放以来中国原创性创新范式回顾[J]. 科技进步与对策，2019，36(19)：1-8.

② 陈劲. 从技术引进到自主创新的学习模式[J]. 科研管理，1994，15(2)：32-34.

③ 许庆瑞，郭斌，王毅. 中国企业技术创新——基于核心能力的组合创新[J]. 管理工程学报，2000(S1)：1-94.

④ 魏江. 执着人生写就中国特色创新管理理论——我国著名管理学家许庆瑞教授学术思想回顾[J]. 管理工程学报，2008(1)：1-4.

基于国内外创新理论及中国企业经营实践，许庆瑞等总结了企业经营管理全面创新规律，以培养核心能力、提高核心竞争力为导向，以价值创造（价值增加）为目标，以各种创新要素的有机组合与全面协同创新为手段，通过有效的创新管理机制、方法和工具，力求做到"全要素创新，全时空创新，全员创新和全面协同"。全面创新观与传统创新观的显著区别是突破了以往仅由研发部门孤立创新的格局，突出了以人为本的创新生态观，并使创新的要素与时空范围大大扩展。[①]

3. 协同创新

（1）协同创新理论产生背景

协同创新理论研究是一个持续过程。1997 年，张钢等认为技术、组织与文化协同是企业应解决的关键问题，学者遂对其展开了研究。2005～2006 年，陈劲、王方瑞以实证和案例相结合方式探究了技术与市场协同创新机制的内在本质。[②] 随后的研究有技术、市场与管理创新协同[③]以及知识创新协同模式[④]等。2012 年，陈劲等在此前研究的基础上，针对产学研合作过程中多元异质性主体创新目标与利益协调不一致等突出问题，在国家计划推行协同创新背景下率先开展协同创新理论研究，并于国内最先出版专著《协同创新》及相关文章，深入探讨协同创新战略成因、过程、管理模式与运行机制，明确提出协同创新是当今科技创新的新范式，对协同创新内涵特征、理论基础及驱动机理等展开了系统论述。由此协同创新理论初步形成，标志着中国原创性创新理论体系取得新进展。

---

① 许庆瑞、郑刚、陈劲. 全面创新管理：创新管理新范式初探——理论溯源与框架[J]. 管理学报，2006(2)：3.

② 陈劲，王方瑞. 突破全面创新：技术和市场协同创新管理研究[J]. 科学学研究，2005(S1)：249-254.

③ 饶扬德，唐喜林. 市场、技术及管理三维创新协同过程及模型研究[J]. 科技进步与对策，2009，26(13)：5-8.

④ 吴荣斌，王辉. 知识创新协同模式运行效果评估研究[J]. 中国科技论坛，2011(09)：32-36.

(2)协同创新的理论内容

协同创新是建立在组织结构重构和战略引导基础上,由各种联系形成的技术创新和市场创新之间的互动发展,其目的在于取得长期发展和短期竞争以及技术发展和市场发展之间的平衡,从而取得创新的系统效应。协同创新的首要特征是建立支持协同的组织结构。设计支持协同的组织结构的主要目的是建设协同创新的结构背景。协同组织结构确定了协同创新的各要素的层次及相应的权力与地位,为协同战略的实施及要素间的有效联系奠定了基础。传统意义上的组织结构形式强调分工和专业化,导致部门间的分割,与协同的要求相背离。因此,进行协同创新的基础就是打破组织部门分割现状,通过组织变革建立起强调部门和职能联系的组织结构。协同创新的第二个重要特征是战略引导。处在多变的环境当中,只有对环境变革作出及时反应甚至引导环境向有利于本身发展的方向变革,才能保证生存和发展。①

4. 整合式创新

2017 年,陈劲等在批判性回顾现有东西方主要创新范式的基础上,结合东方哲学智慧与中国传统文化,基于中国航天、高铁产业以及阿里巴巴等新经济企业创新实践,提出整合式创新范式和创新战略,首创以总体观、系统观为导向的技术创新管理新范式,强调战略视野引领下自主创新、开放创新、协同创新的有机结合,实现企业和国家技术创新的“组合发展”。②

整合式创新,也即战略视野驱动下的全面创新和协同创新。基于整合式创新的创新管理范式,则是整合式创新管理。整合式创新的四个核心要素是“战略”“全面”“开放”和“协同”,也即战略视野驱动下的全面创新、开放式创新与协同创新,四者相互联系、缺一不可,有机统一于整合式创新的整体范式中。在企业技术创新管理

① 陈劲,阳银娟.协同创新的驱动机理[J].技术经济,2012,31(8):6-11.

② 陈劲,尹西明,梅亮.整合式创新:基于东方智慧的新兴创新范式[J].技术经济,2017,36(12):1-10.

中，战略视野观要求企业领导者不能将技术创新视为单一的活动，而应将其内嵌于企业发展的总体目标和企业管理的全过程，根据全球经济社会和科技的大趋势，借助跨文化的战略思维，确定企业和生态系统的发展方向，从而实现"战略引领看未来"。整合式创新作为战略视野驱动下的全面创新和协同创新的新范式，强调战略引领和全面协同的高效有机统一、纵向整合、动态发展，这是对局部的、横向的和静态的创新范式的质的超越。

5. 有意义的创新

陈劲和曲冠楠将创新关注点从传统"市场与技术驱动"维度转向兼顾"人文精神与哲学思考引领"的意义维度，提出"有意义的创新"范式，强调科技思维、人文思维和哲学思维应统一在创新流程中。有意义的创新旨在将企业从关注短期利益和内部效率的束缚中解放出来，聚焦于中长期利益创造与社会整体福利提升，以引领社会进步和人类发展。有意义的创新首次将创新意义纳入创新决策以及过程框架，强调关注以社会需求与人类发展为核心的创新意义。创新过程是创新者运用设计语言对产品内部与外部意义的综合表达，是以创新意义统筹创新元素的重新组合，以创造经济价值、社会价值、战略价值与未来价值的创新范式。有意义的创新以其意义与价值识别的关系，可分为四大维度：经济维度、社会维度、国家战略维度、未来维度。四大维度代表了有意义的创新中意义管理的四个层次，所对应不同程度的持续竞争优势的获得。[①]

（三）其他创新范式

1. 朴素式创新

朴素式创新的理念源自 20 世纪 50 年代的"适用技术"运动。E. F. 舒马赫（E. F. Schumacher）在《小的是美好的》一书中，依据"适

① 陈劲，尹西明，梅亮. 整合式创新：基于东方智慧的新兴创新范式[J]. 技术经济，2017,36(12):1-10.

用技术”的理念，批评将发达国家的技术直接转移到发展中国家的行为，批评大规模生产，认为这种方法会阻碍经济的可持续发展。他强调要根据当地客户的需求明确所需技术，产品开发要符合当地的经济和资源等条件。①

朴素式创新概念的形成和盛行发生在印度。印度有着深远的“Jugaad”(印地语，意为随机应变)文化，即“突破各种限制条件，用有限资源即兴设计有效的解决方案”。② 依赖于该思想，印度企业以当地的用户需求和市场特征为出发点，通过重新构架产品概念和减少不必要的产品设计，不仅降低了产品的生产成本，而且还维持了产品的耐用性和易用性，并获得了巨大的成功。

在既有研究的基础上，朴素式创新的概念内涵可提炼为针对新兴市场中的金字塔底端(BOP)消费者所进行的一种资源限制型创新模式。该模式借助对消费者需求的充分了解，通过创新商业模式、价值链、生产流程和产品设计等，降低产品及其价值链的复杂程度和成本，提供质量合格的、耐用易用的、能满足需求的产品或服务。朴素式创新的优势在于其提供了一个优秀的价值主张，即同时实现降低成本和满足客户对产品质量和设计等的期望。

陈劲等构建了朴素式创新发展模型，以分析朴素式创新的驱动力、方法和实施过程的相互作用关系。在该模型中，驱动力是朴素式创新发展的根本动力源；朴素式创新方法讨论的是组织或企业如何才能更好地实现成功的朴素式创新；朴素式创新的实施过程则企图构建一个具有普适性的创新逻辑过程。

朴素式创新的组织可分成三重架构，分别代表三类创新主体，

① 陈劲，王锟，Hang Chang Chieh. 朴素式创新：正在崛起的创新范式[J]. 技术经济，2014，33(01).

② RADJOU N，PRABHU J，AHUJA S，et al. Jugaad Innovation：Think Frugal，Be Flexible，Generate Breakthrough Growth[J]. European Journal of Training & Development，2012，38(7)：689-691.

即草根群体、企业群体和社会组织群体。草根群体处于创新金字塔的底端，企业群体处于顶端，二者共同嵌入社会朴素式创新的大环境中。社会导向的朴素式创新拥有双轮驱动结构，分别是客观的限制性条件环境和各类创新者试图改变不利条件的主观意愿。

2. 责任式创新

在新技术发展与科技革命背景下，内燃机、原子能、信息技术、生物医药技术等重大创新在驱动发展的同时引发了对于技术创新双重性的重大思考和现有科技创新政策及管理方法应对技术创新本身在道德伦理、环境保护、社会价值与可持续发展等方面存在功能缺失：转基因生物与基因工程的社会伦理性危机；新兴技术的使用规范；核物理及能源应用的全球与区域安全隐患；流感病毒研究的安全性；信息与通信技术的隐私泄露；金融及其衍生产品的制度风险与欺诈行为；科学社会契约线性模式（科学的自由需要以社会需求与社会价值的满足为基本前提）的重新思考。[①]

责任式创新是一个演化的概念，现有的研究在责任式创新动力、理论框架、实践等方面存在模糊性，其研究维度与框架构建需要一个交互、持续、灵活的适应性学习过程。[②] 贝恩德·卡斯滕·斯特尔（Bernd Carsten Stahl）认为责任式创新是一种"元责任"，包含行为主体、活动、规范维度[③]；杰克·斯蒂尔戈（Jack Stilgoe）从内涵与特征出发，探讨责任式创新的理论，认为其包含预测性（anticipating）、自省性（reflexivity）、包容性（inclusion）、响应性（respon-

① 梅亮，陈劲. 责任式创新：源起、归因解析与理论框架[J]. 管理世界，2015(08)：39-57.

② OWEN R, MACNAGHTEN P, STILGOE J. Responsible Research and Innovation: From Science in Society to Science for Society, with Society[J]. Science and Public Policy, 2012, 39(6) : 751-760.

③ STAHL B C. Responsible Research and Innovation: The Role of Privacy in an Emerging Framework [J]. Science and Public Policy, 2013, 40(6): 708-716.

sive-ness）四个维度。[①] 基于此，陈劲认为责任式创新的理论框架应当包含除产品与流程之外更广意义的创新活动，主体、活动、规范是责任式创新的基础要素，预测性、自省性、包容性、响应性形成了螺旋上升的动态演化，实现责任式创新发展。

① STILGOE J, OWEN R, MACNAGHTEN P. Developing a Framework for Responsible Innovation [J]. Research Policy, 2013, 42(9): 1568-1580.

四、我国创新驱动发展战略的实施

（一）创新发展理念

党的十八大提出："科技创新是提高社会生产力和综合国力的战略支撑，必须摆在国家发展全局的核心位置。"表达了创新对于一个国家发展的重要意义。

党的十八届五中全会通过的《中共中央关于制定国民经济和社会发展第十三个五年规划的建议》提出："实现'十三五'时期发展目标，破解发展难题，厚植发展优势，必须牢固树立并切实贯彻创新、协调、绿色、开放、共享的发展理念。"

党的十九大报告指出，创新是引领发展的第一动力，是建设现代化经济体系的战略支撑。"创新是引领发展的第一动力"重要论断为创新发展理念作注解，强调要"让创新在全社会蔚然成风"。

（二）创新驱动发展战略

党的十八大以来，党中央、国务院将创新驱动发展上升为国家战略，出台了系列关于创新发展的重要文件，如《关于深化体制机制改革加快实施创新驱动发展战略的若干意见》《国家创新驱动发展纲要》等。同时，围绕国家创新驱动发展部署了一系列重大任务。2017年，科学技术部、国家统计局联合印发《国家创新调查制度实施办法》，包括创新活动统计调查、创新能力监测和评价，以全面反映创新活动现状，客观监测和评价创新能力，为推进创新型国家和世界科技强国建设提供支撑与服务。[①] 2019 年，国务院政府工作报告提出“过去一年，深入实施创新驱动发展战略，创新能力和效率进一步提升”。

(三)创新型国家战略

2006 年 1 月，时任中共中央总书记的胡锦涛在全国科学技术大会上作了《坚持走中国特色自主创新道路，为建设创新型国家而努力奋斗》的重要讲话，指出应当在深刻认识世界新科技革命带来的机遇和挑战的基础上，动员全党全社会力量为建设创新型国家宏伟目标而奋斗。随后，创新型国家建设上升为国家战略的核心。创新型国家目标是中国在经济与科技发展领域不断探索后，立足于当前经济发展的现实需要所提出的重要战略目标，为中国经济、科技现代化建设与发展提供了重要的理论指南、行动指南。[②]

2014 年 6 月，习近平总书记在中国科学院和中国工程院院士大会上进一步指出，要走中国特色自主创新道路，坚持自主创新、重点跨越、支撑发展、引领未来的方针，从制度建设、人才培养和科技发展方向等方面为创新型国家建设指明了方向，并明确提出了加快创新型国家建设步伐的要求。2015 年，中共中央、国务院颁布《关于深化体制机制改革加快实施创新驱动发展战略的若干意见》，明确到 2020 年基本形成适应创新驱动发展要求的制度环境和政策法律体系，到 2020 年进入创新型国家行列，新中国成立 100 周年时成为世界科技强国。

2006～2016 年，中国创新型国家建设走过了十年历程，走出了一条具有中国特色的创新发展道路，总结出了一套社会主义发展中国家创新转型发展新模式，并逐渐发展成为独具特色的中国创新发展理论。但是，就中国创新能力究竟如何这一问题，目前政、商、学界仍有较大分歧。一些学者指出，创新型国家应符合以下要求：综

---

① 陈芳，甄峰. 国际创新统计体系演化与国内发展研究[J]. 中国科学院院刊，2020，35(3)：353-362.

② 李政. 杨思莹. 十年创新型国家建设：成就、经验与问题[J]. 学习与探索. 2017(01)：123-131.

合创新指数明显高于他国，科技进步贡献率超过 70%，研发投入强度在 2%以上，对外技术依存度在 30%以下。从这些指标来看，近十年来，中国正以较快的发展速度向创新型国家迈进，但是也应当看到创新驱动发展仍面临一些体制机制僵化难题、创新效率提升难题、创新资源配置与创新能力差距问题等。

（四）科技强国战略

建设世界科技强国是基于我国科技创新实践和创新型国家建设经验提出的，它经历了从发展路径口号到创新战略符号和丰富的理论内涵的嬗变。从已有研究看，我国从 1986 年开始在学术界和实践中零星提出科技强国的举措，这一时期主要把科技作为经济社会发展的工具和路径，用“科技”强大国家并没有进入研究的热点。2012～2015 年，科技强国建设研究开始升温，内容主要集中在科技强国的路径政策和发展口号上，还没有形成建设世界科技强国的深刻内涵。如 2012 年，国家发展改革委会同科技部、财政部等有关部门和单位，共同研究编制了《国家重大科技基础设施建设中长期规划（2012～2030 年）》（以下简称《规划》），对贯彻落实国家创新驱动发展战略、增强我国原始创新能力、实现从科技大国迈向科技强国的目标具有重要意义。

基于创新型国家建设的实践和世界科技发展态势，我国提出到 2049 年建成世界科技强国的目标。目前，理论研究集中在如何推进世界科技强国建设，国际经验如何，研究隐藏了科技强国的理论认定预设，即把科技发达国家作为世界科技强国，研究其建设路径、改革举措、发展经验等。未来研究应揭示更深层的根源问题，更全面的系统问题，找出支撑科技强国建设的国家制度，以及法治、文化、教育、产业、社会等变革或改良的关键所在；否则，科技强国只能是无源之水，无本之木。

区域发展篇

一、北京中关村自主创新示范区创新发展考察报告

2014年,随着中关村试点政策在全国更大范围推广,国家自主创新示范区建设加快推进,对接中关村、学习中关村,对于山东加大实施创新驱动发展战略力度具有重要意义。具体中关村哪些经验我们能够借鉴,哪些政策我们能够承接,怎么借鉴和承接?《山东省国家高新区创新发展研究》课题组带着这些问题赴北京中关村进行了考察调研,形成了如下报告。

(一)中关村示范区创新驱动战略布局

中关村国家自主创新示范区(简称“中关村示范区”)自2009年组建以来,按照创新驱动发展思路进行顶层设计,积极开展政策试点和体制机制创新,构建了“大科技”“大创新”发展格局,最大限度地发挥示范区整体效应,自主创新能力显著提升,已经成为全国创新发展的引擎,国家实施创新驱动发展的“试验田”和“排头兵”。多年来,中关村示范区综合排名位列全国高新区第一位。2013年,示范区企业总收入达到3.05万亿元,占全国高新区总收入的1/7;技术合同成交额2 851亿元,占全国近2/5;承接国家科技重大专项1 300多项,占全国2/5。

1. 构建“一区十六园”空间布局,实现组团式发展

中关村起源于20世纪80年代初的“电子一条街”,1988年国家将中关村地区设为北京新技术产业开发试验区。进入21世纪后,

为加快科技与经济的结合，将试验区调整为科技园区，并把周边10个区（县）工业园区和产业基地纳入中关村科技园区统一管理。2009年，为加快创新驱动发展，进一步提升示范带动效应，推动产业功能区和行政区协调发展，国家对中关村科技园区进行重新定位，设立中关村国家自主创新示范区，通过调整空间规模和布局，将北京市16个区（县）的重点经济园区和科技园区纳入其中，实现“一区十六园”组团式发展格局。中关村与各分园之间实行双重领导、以区（县）为主的组织架构，中关村负责示范区的统筹规划、政策制定、组织服务和达标考核，各分园负责本园的具体管理。

2. 构建高层次高规格管理平台，开展联合办公

2009年7月，国务院成立了由科技部牵头、21个部委参与的中关村示范区部际协调小组，北京市成立了以市长为组长的中关村示范区领导小组。2010年，整合中央和北京市资源，构建了统一协调的推进机制——中关村创新平台。创新平台下设重大科技成果产业化项目审批联席会办公室、科技金融工作组、人才工作组、新产品政府采购和应用推广工作组、政策先行先试工作组、规划建设工作组、中关村科技城工作组等9个工作机构，19个国家部委和29个北京市相关部门（单位）派驻人员到平台开展联合办公。平台采取特事特办、跨层级联合审批方式，围绕重大科技成果转化和产业化项目、先行先试政策扶持等问题，一个事项一个事项地现场研究解决。

3. 构建创新创业“政策包”，实行园区共享

为在服务国家和首都的发展中发挥示范、引领、辐射作用，中关村示范区打破束缚，加快改革，与国家部委和北京市相关部门合作，从两个层面完善支持创新创业政策体系，推动园区自主创新和产业发展。在国家层面，2010年年底，国务院出台了中关村示范区“1＋6”鼓励科技创新和产业化系列先行先试政策，加快科技成果转化和高新技术产业发展。在此基础上，2013年9月，国务院又出台了中关村示范区“新四条”政策，进一步细化配套措施，推动企业扩大投入，激发企业创新活力。在市级层面，出台了“京校十条”“京科九条”、社会组织改革创新试点工作意见、国际化行动计划等十多项创新政策。无论是国家层面政策还是市级层面政策，一经出台后，就以“政策包”的形式，在所有16个园区中共享共用。

（二）中关村示范区实施创新驱动的典型做法

中关村示范区自成立以来，以建设具有全球影响力的科技创新中心为目标，以服务国家创新战略和促进首都经济社会发展为导向，不断加大创新力度，促进园区健康快速发展。他们创造了许多好经验、好做法，其中有影响有借鉴意义的做法主要有以下几点：

1. 完善创新联动与激励机制，增强首都创新驱动发展合力

中关村示范区围绕国家经济发展战略需求，借助首都资源优势，构建国家与北京市创新联动机制，促进国家和北京创新资源的高效配置和综合集成，上下联动共同推动示范区的发展。一是建立央地、军民合作机制。建立与科技部等国家有关部门的部市会商工作机制，加强与中央单位的全方位合作，落实与中央单位签订的多领域战略合作协议，畅通央地科研和产业资源的对接渠道，促进首都科技资源与中关村的融合发展，带动大批高端高质科技成果在中关村落地转化；加强军地联合，与解放军三总部、国防科技工业集团合作，促进军地企业“联姻”，开展军民两用技术研发及产业化，促进了国防尖端技术民用市场的快速发育，形成了一批在国内外具有较高知名度和市场占有率的民用产品；设立军民融合科技成果转化创业投资基金，共同开展蓝鲸军民融合创新园建设，推动军工集团重大项目在中关村落地实施。二是探索新型产学研合作模式。联合北京地区150家技术创新联盟成立首都创新大联盟，高效促进了创新资源、要素、主体的协同，对于联合开展产业发展战略研究、关键共性技术攻关、标准规范制定等发挥着重要作用。由北京大学牵头，联合北京市科委组建北京协同创新研究院，按照“目标一致、责任共担、利益共享、行动同步”的原则，设立协同创新基金，组建独立的协同创新市场主体，自主开展共性技术、关键技术和前瞻性技术的研发和成果转化。研究院自2014年8月成立以来，已设立仿真技术、智能机器人、信息安全、先进制造、大气治理及水处理5个协同创新中心，共有60多家高校院所、企业和医疗机构参加。三是建立股权收益的激励机制。财政部和科技部制定《中关村国家自主创新示范区企业股权和分红激励实施办法》，规定示范区内的高等院校、科研院所和企业可以采取职务科技成果入股、科技成果折股、股权奖励、股权出售、股票期权、科技成果收益分成等方式，对做出贡献的科技人员和经营管理人员进行股权和分红激励。截至2014年上半年，中关村示范区共有95家单位(项目)的激励方案获得批复，其中国有企业37个，高校和科研机构58个。这些单位大多采用科技成果入股和科技成果收益分成等激励方式，极大地提升了科研人员和经营管理人员进行科学研究和成果转化的热情，带动企事业单位进一步走向了创新发展道路。

2. 打造创新创业孵化器，促进中小科技企业快速成长

中关村示范区始终把孵化器作为创新创业的核心载体，围绕不同阶段的发展目标和创业企业需求，探索模式创新和服务创新，源源不断地孵化引领高新技术产业发展的创新创业企业。一是积极推动大学、科研院所、企业开办创新型孵化器。将大学科技园和科技企业孵化器作为推动自主创新的主体，制定出台了《中关村示范区大学科技园及科技企业孵化器发展的实施意见》，支持大学科技园和科技企业孵化器全面提升创业服务能力，特别是面向战略性新兴产业，更多地聚集社会化专业服务资源，建立新型孵化模式，完善创业孵化链条，打造从创业项目植入到转化发展的全过程服务体系；出台优惠扶持政策，对大学科技园及科技企业孵化器建设产业技术研究院等技术转化机构、推动科技成果转化和产业化、搭建关键共性技术服务平台、聚集社会化专业服务资源，以及开展政策咨询、辅导培训、投融资等服务，提供一定的资金支持；创建北京创业孵育协会，在每年北京科博会期间组织举办“企业孵化器国际论坛”，加强大学科技园及科技企业孵化器与外界的交流合作，促进孵化器向世界先进水平迈进。二是引导民间力量发展创业型孵化器。随着天使投资快速发展和创业者服务需求不断升级，民间商业人士创建孵化器热情高涨。为引导和鼓励社会力量参与孵化器建设，中关村以促进创业、带动就业为目标，按照市场化、社会化导向，搭建孵化载体，实行孵化集聚。例如，将海淀图书城步行街升级改造为中关村创业大街，创业大街引入创业孵化机构，为早期项目和种子企业提供开放办公、早期投资、产业链孵化等特色服务。目前，涌现出创业工场、车库咖啡、3W 咖啡、36 氪、言几又、联想之星、天使汇等一批创业孵化机构。这些机构已不再是传统意义上的以经销产品为主的零售商，而是发展为以提供科技服务为主的孵化器，专门为初创企业和个人提供孵化服务。一方面，以天使投资为核心和纽带，为初创企业提供投资服务；另一方面，邀请知名企业家、创投专家、行业专家等作为创业导师，为初创企业开展创业辅导，并帮助企业与各种资源进行对接。

3. 增强科技与金融的融合，打造现代科技金融服务体系

中关村示范区以建设国家科技金融创新中心为契机，不断加强金融创新，推动金融和科技互动融合，为企业发展提供强大动力。一是利用好多层次资本市场融资，深化中关村代办股份转让试点。中关村示范区建立了社会化的企业培育工作体系，每年开展对 600 家以上企业进行政策宣传和培训，积极推动企业进入代办系统挂牌；对挂牌企业，除给予资金资助外，还整合创业投资、技术创新、重大产业化项目、银行贷款等方面的政策资源给予支持；成立由银行、证券机构、保险机构、信托机构、创投机构等组成的金融服务联盟，会同深交所加大对挂牌企业的增值服务。在中关村试点工作基础上，探索建设全国性场外交易市场和全国非上市企业股权交易中心。2013 年年底，已有 250 家中关村企业参与试点，其中挂牌企业达 180 多家。二是探索科技金融新业态新产品，完善多元化的科技企业融资办法。中关村示范区深入推进科技金融创新，开展担保融资、信用贷款、知识产权质押贷款、信用保险和贸易融资、股权质押贷款、小额贷款等创新试点业务。尤其规定金融机构在向企业提供知识产权质押贷款时,原则上知识产权质押所占信贷规模的比例应不小于30%。截至2013年,累计为中关村科技企业发放知识产权质押贷款超过101.5亿元,股权质押贷款超过5.6亿元。三是鼓励发展天使投资,引导创业投资集聚成长。中关村示范区注重增强天使投资对早期项目和初创企业的孵化作用,借助天使投资协会加强对天使投资行业的指导和管理,通过与各类大学科技园、产业园区和孵化器开展合作,为天使投资寻找合作项目和创业企业。2013年底,中关村天使投资人已有近500名,拥有天使投资基金30个,管理天使投资基金规模达24亿元。四是建设企业信用体系,完善科技金融服务环境。成立中关村企业信用促进会,充分发挥企业信用自律组织的作用;制定信用制度,引进市场竞争机制,开发信用信息系统,选定多家信用评级机构开展对企业的信用征信和评级认定;实施信用激励政策,探索以企业立信和信用积累为基础的“信—保—贷—贴”的担保贷款和“信—贷—贴”直通的信用贷款模式。目前,中关村信用服务市场初具规模,中关村企业信用促进会会员已达3 810家,信用双百企业达到412家。

4. 更大范围聚合发展资源,推进产业高端化、集群化和外向化发展

中关村示范区以中关村战略性新兴产业集群创新引领工程为抓手,带动辐射整体产业的创新驱动和转型升级。一是依托科技资源集聚优势,打造中关村创新示范核心区。作为我国科技资源最密集的区域,中关村海淀区集聚了30多所国家重点高等院校、100多家国家骨干科研院所、60多家国家重点实验室、60多家国家工程中心、80多家跨国公司研发机构和1万多家科技型中小企业,每年都有大量创新成果诞生,催生形成了一批低消耗、高附加值、高带动力的新兴产业集群,成为我国重要的科技创新中心和战略产业策源地。二是围绕创新链布局产业链,实现战略性新兴产业聚集发展。中关村示范区充分转化创新资源优势为产业发展优势,瞄准重点领域关键核心技术确立了“6＋4”战略性新兴产业格局，形成了一批研发创新在核心区、生产基地分散布局的高端产业集群。其中，下一代互联网产业以海淀园为核心，在亦庄园企业园、翠湖科技园和中关村软件园布局云计算、大数据产业链，打造优势明显的互联网信息产业集群；节能环保产业构建起以海淀园为核心，昌平园和朝阳园为重要支撑，其他多园协调发展的整体空间分布格局；集成电路产业则形成以海淀园为核心，在朝阳园、亦庄、顺义园形成次级区域集聚的产业集群形态。三是发挥创新辐射带动作用，实现非核心产业向外转移扩散。中关村示范区坚持“腾笼换鸟”，加快产业结构调整，将技术密集度高、知识含量高、附加值高和低能耗、低污染的产业留在中关村，而将其他产业通过产业链分工合作、企业整体输出、共建飞地产业园等多种途径向全国扩散和转移，形成总部和研发在中关村，分公司、分支机构和生产基地实现全国布局的产业发展新形态。2013 年年底，中关村企业已在京外设立分支机构 8744 家，与此同时，河北秦皇岛、内蒙古赤峰、江苏溧阳和山东齐河等已开展飞地产业园试点，落户这些园区的企业可以享受中关村的政策优惠待遇。

二、山东省高新区加快创新引领、辐射带动发展研究

2014年,《山东省国家高新区创新发展研究》课题组围绕“发挥高新区引领示范、辐射带动作用,打造区域创新发展的强大引擎”这一主题,组织召开了“全省国家级高新区创新发展座谈会”,并赴济南、潍坊、淄博、烟台、威海、青岛6个国家高新区调研考察,形成了以下认识和判断。

(一)我省高新区初步形成推动科技创新,培育新兴产业的“四大高地”

我省高新区历经初创发展、二次创业、三次创业等不同阶段,形成了鲜明的发展特色和优势,初步形成了推动科技创新、培育新兴产业的“四大高地”,即创新资源富集高地、科技创新高地、高端产业发展高地和体制机制创新高地。

——高新区已成为创新资源富集高地。一是创新平台高度集聚。2012年全省高新区建有国家高新技术产业化基地、火炬计划特色产业基地共57个,拥有省级以上工程技术研究中心、企业技术中心、重点实验室、院士工作站等研发机构总数达923家,占全省省级以上企业研发机构总数的47.0%。规模大、数量多成为我省高新区创新平台的显著特点。二是创新人才高度集聚。2012年全省高新区拥有国家海外引才特殊计划79人,“泰山学者”141人,分别占全省的73.8%和22.0%,科技活动人员10万余人,形成了以高层次创新创业人才为领头雁、众多科技人才为主体的创新人才梯队。三是

创新资源高度协同。全省高新区构建起以平台为载体、项目为纽带、人才为主体的创新资源协同体系，形成了以创新龙头为牵引、以科技服务为配套、链条完整、协同创新的网络体系。

——高新区已成为科技创新高地。全省高新区通过整合优化政府、企业、高校院所、科技中介机构等创新资源，基本构建以企业为主体、市场为导向，产学研相结合的科技创新体系，从多方面可看出科技创新活力迸发、创新能力增强。一是创新成果持续涌现。2013 年全省省级以上高新区的专利申请 17 731 件，其中发明专利 6 411件，分别占全省的 11.4%和 9.4%；专利授权 1 1125 件，其中发明专利授权 2 107 件，分别占全省的 14.5%和 23.6%。二是科技孵化能力显著增强。全省高新区建有各类科技企业孵化器 50 余家，孵化面积达 500 多万平方米，在孵企业数量 4 500 家，各类孵化器毕业企业数占在孵企业的比例为 20.2%，逐步形成了“研发—孵化—加速—产业化”全过程孵化服务链条，对在孵企业技术创新和成果产业化的服务保障水平不断提升。三是科技创新投入持续增加。2013 年全省省级以上高新区研究与实验发展（R&D）经费投入 371.72 亿元，同比增长 10.3%，占全省 R&D 经费的 31.5%，接近全省科研投入总数的 1/3，创新资金投入力度大幅增强。

——高新区已成为高端产业发展高地。以高新区为载体，大力实施高端高质高效产业发展战略，形成了高端产业集约集聚、蓬勃发展的良好态势。一是高新技术产业成为主导。从全省来看，各高新区集聚了近半数的高新技术企业。2013 年，全省省级以上高新区的高新技术企业实现工业总产值和工业利税分别为 8 283.6 亿元、966.5 亿元，分别占区内规模以上工业企业总产值和增加值的 44.5%和 49.8%。二是区域性高端产业发展形成规模和优势。各高新区充分发挥本地特色优势，实现高端产业错位发展。全省形成了青岛新型数字家电、潍坊动力机械、东营石油装备、淄博新材料 4 个过千亿元级的高新技术产业集群。以淄博高新区为例，重点打造以先进陶瓷、高分子材料等为主导的新材料特色产业创新集群，新材料类企业达 417 家,总产值 1 755 亿元。三是提升综合经济效益探出新路。各高新区积极推动转方式调结构,经济运行质量和效益同步提升。据统计,全省 9 个国家高新区每平方千米土地平均实现工业增加值约 7 亿元,实现了土地的高效利用;万元 GDP 能耗为 0.5 吨标煤,仅为全省平均水平的一半。

——高新区已成为体制机制创新高地。各高新区通过全面深化以科技体制为主的各项改革,体制机制优势进一步显现。2005 年我省颁布实施了《山东省高新技术发展条例》,对高新区充分放权,实行特区特管政策,大力创新高新区管理和服务机制,形成了“小机构、大服务”和“一站式、全程化”的管理模式。目前,我省高新区同时肩负基本行政职能和园区创新发展双重任务,管理机构规模只相当于一般行政区的 1/4,工作人员只有行政区的 1/8,充分体现精干高效的特点。围绕完善园区发展机制,各高新区大胆探索、积极实践。青岛高新区加快政府职能转变,形成“政府引导、市场主导,政府服务而不干预,支持而不干涉”的运行机制;淄博高新区积极实施“科技创新走出去”战略,在美国硅谷、德国慕尼黑、台湾新竹等地分别设立专业性科技园;潍坊高新区创新财政科技扶持机制,率先推行科技创新券制度;烟台、威海高新区等试行科技银行,为科技型中小微企业提供定向性和专业化的融资服务项目;济南高新区成立创投基金,建立科技型企业金融风险补偿金,为科技型中小企业融资解困助力。

紧紧围绕新形势下我省高新区引领区域创新发展的新定位,从研究完善工作思路和政策体系入手,加快实现对高新区发展的工作指导转变,加快形成高新区创新能力提升、创新功能外溢的发展格局,努力在更大范围、更深层次引领和带动全省区域创新发展。总的思路是适应我省全面实施创新驱动发展战略的新要求,按照发挥高新区“带头创新发展、带头转型升级”这一总导向,以深化改革开放、完善政策体系、放大创新功能为着力点,统筹推进企业孵化、科技金融、产业培育、联动机制“四项建设”,努力形成高新区的“三大效应”：以高新区为载体，进一步优化创新环境，吸引集聚人才、技术、资金、平台等要素资源，形成提升区域创新能力的“聚焦效应”；以高新区为支撑，发挥创新资源富集优势，培育高端高质高效产业，改造提升传统产业，形成对转方式调结构的“辐射效应”；以高新区为核心动力，有效对接各地产业升级，加强创新传导机制建设，形成引领区域创新发展的“引擎效应”。概括起来，就是“树立一个导向，统筹四项建设，实现三大效应”，这一思路符合我省高新区发展实际和科技创新的内在规律，是对我省高新区工作指导的进一步深化。

（二）统筹推动高新区转型升级和发挥引领带动作用

统筹推动高新区转型升级和发挥引领带动作用，关键是实现高新区创新体系建设与区域经济社会发展高度契合。其核心要求主要包括三个方面：一是高新区要增强自身科技创新的综合实力，并把工作重点适时转到引领区域创新发展上；二是高新区创新指向要明确，紧紧围绕区域经济社会发展的需求来展开和布局；三是高新区的创新扩散通道要畅通，与各区域建立起高效联动机制。从我省高新区发展实际看，还存在一些不相适应的地方，迫切需要加快实现“四个转变”：

一是由过去政府主导科技孵化器建设向企业化运作、市场化运营转变。针对多年来各高新区科技孵化器主要由政府投资组建，行政干预强度较大，孵化创新能力和毕业企业市场适应能力不强的状况，政府应加快改变科技孵化器事业单位管理机制，稳妥推进国有孵化器的股份化改造，促进投资主体多元化，构建合理的盈利模式，实现经营管理市场化，以提高各类孵化器的运行效率，释放创新潜能。

二是由注重招商引资向加强创新服务能力建设转变。改进各高新区定任务、下指标的招商引资方式，加快把工作重点转到搭建平台、完善服务上，着力提高各高新区的产业集聚规模、协作配套能力和创新平台共享水平，以优质高效的创新服务扩大招商引资规模、提高招商引资质量、优化招商引资结构。

三是由主要依靠政策优势向体制机制创新转变。积极适应国家清理和废止各类违法实行优惠政策行为的新形势，下决心从过去靠低地价、低税费打造“政策洼地”的做法中摆脱出来，更加注重提高政务服务质量，全面深化高新区体制机制改革，营造充满活力的创新创业环境。

四是由注重自身产业发展向自身发展与辐射带动区域创新发展转变。进一步打破各高新区封闭发展的格局，在提升自身创新孵化能力、做大做强产业规模的同时，更加紧密地将高新区纳入区域经济社会发展大局，建立技术扩散、创新引领的联动机制，使各高新区成为区域经济社会的增长极和动力源。

（三）需要重点研究解决的五个方面的关键问题

发挥好我省高新区的引领带动作用，是一个综合性系统工程，需要重点研究解决五个方面的关键问题：

1. 推进高水准孵化器建设，打造高新区产业培育和发展平台

高新区的核心在于建设一批创新能力强、配套条件好、转化效率高、运行机制活的孵化器。根据全省产业基础和区域发展重点，进一步搞好顶层设计，加快完善我省高新区的孵化加速体系，需从多方面入手。一是按照“综合孵化器＋专业孵化器＋企业加速器”的集群发展模式建设孵化器。综合性孵化器侧重提供场地、人才、创业辅导、投融资等支撑性服务；各专业孵化器侧重开展公共技术服务平台、项目支持等各类增值服务；企业加速器重点提供满足高成长性企业加速发展所需的空间以及金融、投资、市场等个性化服务，帮助企业迅速实现产业化，从而实现对单一性孵化模式的升级，有利于提高协同服务效率。二是按照“创业苗圃—专业孵化器—加速器”组成的企业发展服务链建设孵化器。通过配套完善科技创业服务中心、企业加速器、小额贷款公司、创业投资基金等，增强孵化服务能力，推动区域产业发展和结构优化。三是按照“产权式”商业模式建设孵化器。以通过发展“投资人拥有、创业中心管理、创业者使用”的“地产+产业型孵化器”，吸引大量社会资源、创投机构、服务机构参与，有效解决企业孵化器的资源先天性缺失问题，共同促进在孵企业发展。四是按照股权投资模式建设孵化器。孵化器通过间接股权或者直接股权等方式，入股在孵企业，帮助企业做大后以适当方式退出实现投资回报。五是按照营销型模式建设孵化器。孵化器直接对在孵企业或者产品投资，通过获得新产品代理权、成为渠道商等方式，使孵化器参与到具体项目运作中，与在孵企业一起发展。

2. 推进高新区科技金融创新，推动科技型中小微企业倍增发展

按照科技创新规律，进一步拓展金融服务科技的通道，切实解决高新区科技企业孵化成长融资困难、渠道不畅等制约因素。一是在发展高新区科技银行上尽快取得突破。以建设金融强省为契机，加快科技银行组建工作，力争2年内，在9个国家级高新区普遍设立科技银行，大力开发适合科技型企业孵化、培育、成长、壮大等不同阶段的金融产品，形成对区内科技企业金融服务的全覆盖。同时，鼓励各商业银行进行盈利和服务模式创新，通过设立从事科技型中小微企业金融服务的专业机构或特色分(支)行，组建科技小额贷款公司和科技担保公司，解决科技型中小微企业贷款难问题。二是大力培育和发展高新区创业投资。组织实施高新区科技企业成长路线图计划，建立完善有利于科技型中小微企业创新发展的投融资机制。在省级层面，设立省科技创业投资引导资金，吸纳金融资金、国内外创业风险投资机构资金及社会资金参与，重点对全省高新区科技型企业孵化、成果产业化等进行以股权投资为主的投资引导，吸引更多的天使投资、风险投资等进入高新区孵化创新领域。在各高新区层面，以省科技融资担保公司为平台，通过与高新区、商业银行、担保机构开展战略合作，探索建立共担风险的运行机制。建议设立全省高新区科技创业种子投资基金，重点支持区内初创期、成长期科技企业。三是积极开展知识产权质押融资。大力推动科技型小微企业知识产权质押融资《暂行办法》在高新区先行先试，加快建立科技、知识产权、金融监管部门与金融机构、担保机构协同机制，形成“金融机构＋担保公司＋知识产权服务机构”的合作模式，扶持小微企业知识产权融资。四是加快高新区科技企业股改上市步伐。充分利用资本市场的直接融资功能，鼓励各高新区设立专项资金，对区内企业在主板、创业板、“新三板”、科创板海外完成上市以及完成股份制改造给予扶持和补贴，激发企业上市融资的积极性。

3. 探索建立高新区与相关区域之间高效联动机制，为更好发挥引领示范和辐射带动作用打开空间

主要包括三点：一是推行“一区多园”“园中园”等飞地经济模式。高新区着力建设引领区域创新发展的核心区，各分园区着力建设特色鲜明和优势明显的专业园区，核心区与分园区建立既紧密联结又相对独立的工作体系，形成工作联动机制。通过发展高新区飞地经济，一方面高新区以技术转移，项目申报，企业扩散，联合招商以及搭建人才、资本、信息共享平台等途径，带动专业园及所在区域创新能力提升和新兴产业发展，同时打破发展的空间瓶颈，新增柔性发展空间，扩大园区辐射能力；另一方面，各分园区可享受高新区公共技术平台开放共享、孵化平台建设规划指导、科技与知识产权业务培训、重大科技创新项目优先推荐申报等优质服务，加快提升自身创新水平，从而最大限度地放大协同发展效应，实现高新区与各专业园区共赢发展。二是推行创新链产业链接续模式。在创新链接续方面，通过组建创新联盟、企业联盟等办法，有序推进高新区创新链条上接下延，在更大范围内整合、配置创新资源，带动建设一批区外创新平台和分支机构，放大创新效应。在产业链接续方面，依托高新区主导产业、骨干企业，通过产业政策引导，实施有序分工协作，将区域内生产同质产品的中小企业升级演变为核心配套企业，建设一批区外下游产业基地乃至配套企业集群，带动区域经济增长。三是推行品牌输出管理模式。主要是依托高新区拥有的各类品牌资源,对相关区域内开发区、工业园区、项目区等实行托管,或者通过联合、兼并、重组等实行“贴牌经营”,实现高新区品牌扩张和规模扩张。

4. 加强和改进对高新区的管理,增强工作指导的针对性、实效性

当前,我省高新区发展处于一个关键阶段,要站在实施创新驱动发展战略,促进区域经济转型升级的高度,深入研究和改进对高新区的工作指导。一是提高各级领导干部对新形势下高新区地位和作用的认识。针对有的领导干部对高新区在区域经济社会发展中的重要地位和关键作用认识不够的问题,加强专题培训,纳入党校、行政学院等主题培训班次,引导各级领导干部正确认识新形势下高新区的新角色、新定位,形成推动高新区发展的工作合力。二是建立高新区科学考核评价办法。立足给高新区“松绑”,抓紧研究建立符合创新要求和发展定位的全省高新区考核办法,进一步突出科技创新能力、人才创新价值能力、平台建设、创业孵化、新兴产业培育和对区域的辐射引领等方面,使高新区特别是9个国家高新区腾出更多精力推动创新驱动、内生增长,更好地引领带动区域创新发展。三是加强对全省高新区发展的统一规划布局。针对各高新区的资源禀赋和产业基础,尽快研究制定全省高新区发展规划,对重大创新平台、重要产业布局进行统一规划,推动各高新区实行差异竞争和错位发展,加快形成各高新区梯队合理、良性竞争、优势互补的发展格局。

5. 深化高新区体制机制改革开放,进一步激发创新活力和发展动力

把全面深化改革贯穿于高新区发展的各个环节,不断放大高新区的体制机制优势。一是积极承接改革试点。随着全面深化改革的推进,国家各部委密集推出了一系列试点,如科技部组织的科技创新服务体系试点、工信部组织的“智慧园区”试点、中国保监会组织的保险与科技结合试点等。应当进一步做好工作,争取在各高新区获批一批国家改革试点。同时要积极协调省级相关试点，力争在高新区先行先试。二是争取出台山东省高新技术产业开发区条例。从全省高新区实际来看，绝大多数已不是单纯的功能区，而是承担着更多的社会治理、改善民生、文化建设等任务。所以这意味着相关单位需要加大高新区授权力度、提升高新区法律地位、实现权责对等体制机制改革。要按照凡属重大改革都要于法有据的要求，积极创造条件，适时出台全省高新区条例，在更高层面上保持高新区体制机制创新的核心优势。三是在扩大开放中提升高新区国际化水平。把高新区提升为深化国际科技合作、促进对外开放的主阵地，大力推动高新区由利用国内创新资源向国际化转变，以更大的力度、更宽的视野开展国际科技交流和合作，主动参与国际经济、技术与产业竞争。除此之外，要研究制定相关政策，引导和鼓励各高新区积极链接国际化创新资源，在海外建立研发中心和孵化器，不断拓展创新源头，走出一条国际化的新路。

三、关于构建山东半岛国家自主创新示范区政策高地的建议

国家自主创新示范区的优势在于先行先试，构造政策高地，以此带动形成创新发展高地。创建山东半岛国家自主创新示范区（以下简称“山东半岛示范区”），关键要聚焦创新创业，加快构建具有山东特色的政策高地。2015年，中共山东省委政策研究室联合省科技发展战略所组成专题调研组，到济南、烟台、潍坊等高新区进行了实地调查，学习借鉴北京中关村、上海张江、武汉东湖等国家自主创新示范区的成功做法，研究提出了16条政策措施，供领导决策参考。

（一）聚焦创新创业，先行先试系列新政策

国家自主创新示范区是一个区域内创新创造最活跃的地方，其主要推动力量来自政策创新和先行先试。调研发现，基层对山东半岛示范区的政策期待主要集中在人才、融资、创业和产业四个方面。我省相关部门应坚持问题导向，聚焦创新创业的关键制约，开出处方，先行先试，努力构造政策高地。

1. 先行先试科研人员创新创业促进政策

科研人员是科技创新的主力军。当前，一方面要加大激励力度，大幅度地提高科研人员成果转化收益比例，对用于奖励科研负责人、骨干技术人员等重要贡献人员和团队的收益比例，从不低于50%，提高到不低于70%。同时，学习上海张江的做法，设立股权激励代持专项资金，对符合股权激励条件的团队和个人，给予股权认

购、代持及股权取得阶段所产生的个人所得税代垫等资金支持,让受益人真正能够接受股权激励。另一方面,要为科研人员松绑,试点鼓励科研人员离岗创业,高校、科研院所的专业技术人员经所在单位批准,可保留基本待遇,带着科研项目和成果到企业开展创新工作或创办企业;允许高校、科研院所等事业单位科研人员在履行所聘岗位职责前提下,到科技企业兼职兼薪;将科技成果转化作为重要指标纳入科研人员考核评价体系,在创新创业和科技成果转化方面做出杰出贡献的科研人员,可以破格评定相应专业技术职务。

2. 先行先试大学生创业促进政策

大学生是大众创业的生力军、万众创新的后备军。创新政策措施,要为大学生端上"创业咖啡",把这一群体积极性激发出来,并聚集到示范区创新创业。一是引导区内高校将课程教育与创业实践结合起来,试行用创业商业计划书代替毕业论文、通过创业实践获得教育学分等政策。二是支持区内高校建设创业孵化器,引导和鼓励成功创业者、知名企业家、创投经理人、专家学者等担任兼职创业导师,提供包括创业方案、创业渠道等创业辅导。三是支持各高新区发展各类众创空间,整合国家和省级就业创业基金,为大学生创业提供场所、公共服务和资金支持。

3. 先行先试创新型企业家培育政策

企业家是创新的组织者。要尽快在示范区内聚集一批具有良好创新思维和组织能力的企业家,带动和组织开展创新创业。一是把培育创新型企业家纳入山东半岛示范区人才建设规划,打造一批具有战略思维和科技创新意识的企业家群体。二是实施创新经理人培育计划,配套专项资金,鼓励高校开设相应课程或专业,尽快培育一批职业创新经理人,具体组织各类创新活动。三是搭建创新型企业家沟通交流平台,定期组织国内外成功企业家到区研讨交流,带动区内企业家开阔视野、增强自信。

4. 先行先试协同创新促进政策

协同创新正在成为国家自主创新示范区科技创新的主要形式。

一是加快组建山东半岛示范区协同创新研究院，促进产学研协同创新，高等院校、科研院所的科研人员完成研究院的工作可以等同或视作本单位工作。二是支持企业与高等院校和科研院所按照市场化机制建立以科技成果转化和产业化为目的的新型产业技术研究机构，鼓励联合组建产业技术创新联盟并申请登记为法人以及采取委托研发、技术许可、技术转让、技术入股和共建研发机构等形式开展产学研用合作。三是组建军民科技融合办公室，支持军地企业、高校、科研单位合作共建军民科技融合协同创新平台，建立军地双方定期交流机制；创建军民科技协同创新联盟，组织实施军民科技融合协同创新发展计划，探索“军转民”“民参军”的新模式。

5. 先行先试初创企业融资支持政策

对初创企业来说，最大的难题是融资。要着力从四个方面解决初创企业的融资问题，让他们有足够能量顺利起飞。一是大力发展天使投资基金，省级天使投资引导基金要重点面向山东半岛示范区，参股设立示范区天使基金，支持各高新区设立子基金，以股权投资方式支持初创企业发展。二是积极开展股权众筹试点，搭建种子众筹、天使众筹和成长众筹三层平台，引导企业通过股权众筹实现融资。三是完善知识产权估值、质押和流转体系，依法合规推动知识产权质押融资，专利许可费收益权证券化，专利保险等服务常态化、规模化发展。四是设立科技信贷风险补偿专项资金，为金融机构开展针对科技型初创企业的信用贷款、信用保险、股权质押、知识产权质押、贸易融资、产业链融资等业务提供风险补偿。

6. 先行先试创新产品远期采购政策

对创新活动来说，最大的风险是没有市场。学习借鉴英国“远期约定采购”做法，试行创新产品远期采购政策，通过政府采购方式为创新开拓市场、增添信心。具体操作时，需设立专门的创新采购机构，由省科技部门和财政部门共管，安排专项预算，面向区内企业竞标约定远期采购其创新产品，而非采购现有产品。同时，要配合用好政府采购现有产品政策，将示范区内符合条件的新技术、新产品、新服务纳入政府采购目录,建立健全使用首台(套)装备的风险补偿机制,推广首购、订购、首台(套)重大技术装备试验和组织实施示范项目、推广应用等方式,把创新过程、创新产品和创新需求紧紧绑定,带动创新活动持续开展。

7. 先行先试产业集群培育政策

创新创业的成效最终体现为产业发展,尤其是形成一批具有较强影响力的产业集群。一是设立示范区股权投资基金,争取国家新兴产业创业投资引导基金和省股权投资引导基金支持,组织各高新区共同出资组建,重点培育战略性新兴产业,引导发展特色产业集群。二是整合省、市、高新区各类产业发展专项资金,组建特色产业集群发展基金,由产业集群所在高新区为主管理,专门支持各特色产业集群发展。三是围绕特色产业集群布局科技服务业,形成科技服务与产业集群融合发展的良好局面。

(二)注重集成协同,推动政策实施落地

近年来,国家和省出台了一系列创新驱动发展的普惠政策,同样适用于国家自主创新示范区。构建山东半岛示范区政策高地,一方面要先行先试新政策;另一方面要创新政策实施,推动普惠政策率先完全落地,获得最大政策效应。针对目前政策实施上存在的凌乱、繁琐等问题,建议以人才、资金、平台和互联网为载体,实施“系列+”工程,构建一个个精准配套、互联互通的政策包,有针对性地满足各类需求,推动各类政策最快最好落实,在示范区内形成政策高地。

1. 实施“人才+”工程

瞄准高层次领军人才、紧缺专业服务人才和创新创业人才等三类关键人才,按需分类组合政策支持,形成适销对路的政策专包。一是推行“高层次领军人才+平台+项目+待遇”政策包。我省应细化高层次领军人才计划,将团队建设、平台配套、项目支持、生活待遇等优惠政策统一到领军人才上,实行“一位领军人才,带领一个团队,叠加一个平台,落在一个项目,享受一系列待遇”的政策。二

是推行“技术经纪人+资金+市场”政策包。制定技术经纪人培育计划，设立紧缺类科技中介服务人才培育资金，以技术交易市场为课堂和舞台，着力提升技术交易实务技能，尽快打造一支懂技术、会经营的复合型技术经纪人队伍。三是推行“创新创业企业家+平台+培训交流”政策包。以青年和大学生创新创业者、大企业高管及连续创业者、科技人员创业者和留学归国创新创业人员等为代表的创新创业“新四军”为重点，分别实施专项培育或促进计划，单独设立平台，组织专项培训交流活动。

2. 实施“资金+”工程

发挥财政资金引导作用，充分利用多层次资本市场，构建各式各样的资金包，以满足示范区内创新创业的各类资金需求。一是推行“财政专项资金+担保+银行信贷”资金包。财政专项资金重点用于帮助企业支付担保和贷款利息，或给予担保和银行一定的风险补偿，放大杠杆效应，撬动更多的银行资金支持企业创新发展。二是推行“创投引导基金+风投基金+保险”资金包。省级创投引导基金要重点面向半岛示范区，通过参股方式与省内外社会资本及其他政府资金合作设立或以增资方式参股风投基金，叠加产品和服务专项保险，重点支持高新技术产品的研发、生产和服务企业。三是推行“产业基金+银行信贷”资金包。推动产业基金与银行金融机构合作，构建信用互认、信贷联动机制，为成长性企业提供充足资金支持。四是推行“知识产权质押融资扶持资金+银行贷款+担保”资金包。各高新区设立知识产权质押融资扶持资金，依托省科技融资担保平台，政、银、保共担风险，支持科技企业知识产权质押融资。

3. 实施“平台+”工程

“平台+”工程是指将各类公共服务和专业服务捆绑到各类创新创业平台上，让企业借助各类平台享受相关政策服务。一是推行“众创空间+创业孵化”服务包。贯彻落实《国务院办公厅关于发展众创空间推进大众创新创业的指导意见》，积极打造各类众创空间，配套创业导师和风投资源，搭建“天天有咖啡、周周有路演、月月搞创赛”的创业天地。二是推行“公共技术平台＋专项资金”服务包。鼓励行业龙头企业组建公共技术平台，推动各级政府举办的公共技术平台实行市场化运营，免费或减半为示范区内企业提供技术评价和产品检测服务，由财政资金补齐服务费用。三是推行“区域创新平台＋科技中介”服务包。建设“山东半岛科技创新创业云服务平台”，整合全省科技中介在一个平台上集约服务，形成市场主导、政府支持的创新创业服务体系，提供从创业项目到产业化的全过程服务。

4. 实施“互联网＋”工程

“互联网＋”工程是指以互联网为平台和手段，聚集创新资源要素，构筑网络化、智能化的山东半岛创新创业政策实施体系。一是推行“互联网＋科技信息服务”模式。依托省科技信息资源及网络共享平台，面向社会开展科技情报咨询、查新检索、科技信息定制推送等服务；依托国家知识产权局区域专利信息服务（济南）中心，建设山东专利信息大数据基地，搭建区域专利信息服务平台；建立科技报告制度，利用互联网实现科技成果信息开放共享，为全省科技创新和政府决策提供基础信息服务。二是推行“互联网＋技术交易市场”模式。建设山东技术交易服务平台，构建统一开放、网上网下结合的技术市场服务体系，促进科技成果交易和转化。三是推行“互联网＋创业服务”模式。依托互联网，加快发展技术转移、检验检测认证、知识产权、科技咨询等创业服务，搭建“互联网＋股权众筹”平台，推广众包、用户参与设计、云设计等研发组织模式，推动跨区域、跨领域的技术成果转移和协同创新。四是推行“互联网＋税收优惠”模式。依托互联网搭建平台，实现税收优惠政策的网上申请、网上审批、网上监督，全面落实企业从事符合条件的研发活动所发生的研发费用，在企业所得税税前据实扣除的基础上，再按发生额的50％加计扣除，即据实扣除150％。

（三）创新体制机制，构建良好创新生态

实施创新驱动发展战略，最根本的是增强自主创新能力，最紧

迫的是破除体制机制障碍，最大限度地解放和激发科技作为第一生产力所蕴藏的巨大潜能。在全面推进依法治省的新阶段，急需出台《山东半岛国家自主创新示范区条例》，依法构建新型体制机制，保障各项政策有效实施，在山东半岛示范区内形成良好的创新生态。

1. 搭建山东半岛创新发展平台

一是健全组织领导机构，加强统筹协调。省里要成立山东半岛示范区建设领导小组，整合建立跨层级联合工作机制——山东半岛创新发展平台，并设立科技金融、人才特区、协同创新等若干专项工作组，采取特事特办、跨层级联合审批方式协调解决示范区建设过程中的重大问题。二是建立联席会商机制，加强交流合作。围绕重大科技攻关、重要工程项目和其他关键问题开展各地市协同会商合作；围绕产业雷同、无序竞争现象展开高新区联席协调会商，不断推动各高新区产业有序转移和错位特色发展；围绕创新资源分散重复、设施设备使用率不高现象，加强大型科研设施设备和信息资源的统筹管理和共建共享。三是研究制定发展规划，加强顶层设计。依据示范区内各高新区的资源禀赋和产业基础，尽快出台《山东半岛示范区发展规划》，对重大创新平台、重要产业布局进行统一规划，推动各高新区实行差异竞争、错位发展，加快形成各高新区布局合理、良性互动、优势互补的发展格局。

2. 推行“政策包”和“创新通票”制度

无论是国家层面还是省级层面政策，一经出台，就进入“示范区政策包”，在山东半岛示范区所有园区中共享共用。我省应学习借鉴天津“创新创业通票”制度，完善提升创新券制度，积极探索“互联网＋政府服务”新模式，通过互联网管理系统，把现行政策资金兑现的财政后补贴方式调整为先由第三方机构垫付、再由合作银行兑现的新方式，破解困扰企业的融资难和政策兑现难两大难题。

3. 改进对高新区创新发展的考核评价

一是建立健全山东半岛示范区统计监测制度，对示范区建设情况进行监测、分析、预警和评价，参考“中关村指数”，组织编制并定期发布山东半岛创新指数。二是建立符合示范区发展特点的统计指标体系，按照分类考核的思路，研究制定独立的、符合创新发展要求的高新区考核指标体系，重点突出对科技创新能力、人才创新价值、平台建设、创业孵化、新兴产业培育等方面的考核，引导高新区聚焦科技创新，打造区域创新高地，更好地引领带动区域创新发展。

4. 构建规范有序的市场体系

一是简化行政审批。改革行政审批制度，实现行政审批办事不出示范区，简化程序、缩短期限、减少层级、优化流程，提高行政管理服务水平；依法公布行政权力清单，推行行政许可权、行政处罚权和行政强制权相对集中行使，提高行政效率；完善政务信息公开制度，主动公开示范区优惠政策、管理事项、收费项目和标准、办事程序、服务承诺等信息。二是创新市场监管。对市场主体实行以事中、事后监管为主的动态监管，建立抽查和责任追溯制度，实施企业年度报告公示和企业经营异常名录管理。三是完善信用体系。建立健全企业信用信息的数据库和公共服务平台，结合财政、信贷、政府采购等政策运用，推广使用企业信用报告等信用产品，培育信用产品的应用市场，在示范区内率先形成守信激励和失信惩戒的联动机制。

5. 建立鼓励竞争、敢于创新的人事制度

一是建立以全员聘用制为主的人事制度。按照精简统一高效的原则，在核定的机构编制和员额总数内，自主设立、调整工作机构，创建符合示范区实际的选人用人机制。推广青岛西海岸新区中德生态园人事管理办法，对工作人员实行职员制管理，打破身份界限、职级界限和资历界限，建立职员化管理体系，实行竞争性考核选拔，让能者上、平者让、庸者下。二是实行容错免责制度，对于示范区各级干部认真履职、勇于谋事创业、改革创新和先行先试，虽有失误但符合规定情形的，实行容错免责；对不担当、不作为等庸政懒政行为，依照规定严肃问责。

四、以蓝色经济、高效生态经济为主导加快山东创新型省份建设研究

加快创新型省份建设，是贯彻落实我国建设创新型国家的重要举措，也是我省实施新旧动能转换重大工程、实现全省经济由大到强转变的重要抓手。2017 年，课题组以发展蓝色经济、高效生态经济为主导，加快推进山东创新型省份建设，形成如下研究报告。

（一）建设基础

科技创新综合实力全面提升。2015 年，全社会研究与试验发展(R&D)经费支出占生产总值的比重达到 2.23%，比“十一五”末提高 0.51 个百分点。发明专利授权量和每万人发明专利拥有量分别达到 16 881 件和 4.9 件，分别是“十一五”末的 5.1 倍和 4.95 倍。登记技术合同 2.06 万项，成交金额 339.74 亿元，是“十一五”末的 3.1 倍。“十二五”期间，省财政基础研究经费投入持续增长，有效支持了创新源头供给，全省共获得国家科技奖励 147 项、国家专利奖 152 项。科技创新平台建设取得可喜成绩，青岛海洋科学与技术国家实验室获批并正式启用，成为全国第一家国家实验室，国家工程技术研究中心和企业国家重点实验室分别达到 36 家和 17 家，均居全国各省市首位，省级重点实验室和省级示范工程技术研究中心分别达到 244 家和 266 家。新型研发机构发展迅速，一批与国内外著名高校院所合作的研发机构落地山东，协同创新能力进一步提升。全省区域创新能力连续五年保持在全国第六位。

科技支撑产业转型升级能力显著增强。在科技重大专项和重大科技创新工程的支持下，我省在信息技术、新材料、海洋装备、先进制造、节能环保、现代农业等领域取得一批重大科技创新成果。高端容错计算机、数字化自动染色技术与装备获得国家科技进步一等奖；高速列车和工业机器人核心部件研发达到国际先进水平；碳纤维、碳化硅材料、离子膜、超深井海洋钻机、高端液压件、光纤激光器、八挡自动变速器等技术打破国外技术垄断；高端装备用特种钢、生态纺织、清洁制浆等技术带动了传统产业高端发展；农业良种工程支撑粮食连年增产作用显著，“烟农1212”创全省小麦亩产最高纪录。2015年规模以上高新技术产业实现产值4.77万亿元，占规模以上工业企业总产值的比重达到32.51%，比“十一五”末提高6.4个百分点。全省高新技术企业数量从“十一五”末的2 100多家发展到“十二五”末的3 903家。青岛数字家电、淄博新材料、东营石油装备、潍坊交通装备、济宁清洁能源5个集群产值已达到千亿元规模。

支撑“两区一圈一带”发展的创新格局初步形成。在山东半岛蓝色经济区，以济南、青岛、淄博、潍坊、烟台、威海6个国家级高新区联合创建的山东半岛国家自主创新示范区上升为国家战略，青岛市被列为国家创新型试点城市和促进科技与金融结合试点城市，潍坊市被列为国家知识产权区域布局第一批试点地区。在黄河三角洲高效生态经济区，黄河三角洲农业高新技术产业示范区获得国务院批复设立，成为全国第二个国家级农高区，带动全省形成了云服务下的省级农业科技园、省级农高区、国家农业科技园、国家农高区四级联动、梯次发展的农业科技园区体系，成为支撑全省现代农业发展的重要力量。在省会城市群经济圈，济南区域科技创新中心建设步伐加快，泰安、莱芜高新区升级为国家级高新区。在西部经济隆起带，济宁市被列为国家创新型试点城市，临沂、枣庄、德州高新区先后升级为国家级高新区，山东省信息技术产业基地、国家惠普软件产业国际创新园落户济宁。此外，全省建有省级以上高新区21

家、国家火炬特色产业基地 61 家、国家高新技术产业化基地 11 家、国家可持续发展实验区 14 家、省可持续发展实验区 14 家，成为支撑“两区一圈一带”协同发展的重要力量。

科技人才队伍不断壮大。遵循科研规律和人才成长规律，制定出台了贯彻落实党管人才工作的具体办法、山东省科技人才推进计划实施方案，强化项目、人才、平台一体化建设，构建了创新创业人才、青年人才、杰出青年人才、拔尖人才和领军人才等相互衔接的多层次和全方位科技人才计划体系，形成了竞争性支持和连续稳定支持相协调的青年科研人员支持机制，推动了全省科技人才特别是青年科技人才队伍发展壮大。到“十二五”末年，住鲁两院院士达到 40 位，国家海外引才特殊计划专家达到 148 名，国家“万人计划”专家达到 39 名，面向省内外公开选拔战略新兴产业创新类和科技创业类泰山产业领军人才 78 名。

创新创业环境进一步优化。相继出台了推动大众创新创业、科技服务业、技术市场、科技型小微企业等发展的一系列政策措施，支持创新创业的政策体系基本建立。创新创业孵化体系更加完善，各级各类科技企业孵化器总数达到 180 多家，孵化面积达到 400 多万平方米，备案省级众创空间 131 家。知识产权服务能力进一步增加，建成国家区域专利信息服务（济南）中心，全省专利代理机构总数达 46 家、分支机构达 55 个。科技成果转化体系发展加快，建成省科技成果转化服务平台，会员单位发展到了 1 800 多家，技术经纪人队伍不断壮大。实施科技“创新券”政策，对科技型小微企业使用省大型科学仪器设备共用网入网仪器设备给予补助，降低了小微企业开展研发活动的门槛。

（二）重点任务

根据我省“创新型省份建设达到更高水平”的部署要求，围绕新旧动能转换重大工程的实施，全面深化科技体制改革，推动以科技创新为核心的全面创新，进一步增强科技创新在供给侧结构性改革中的基础、关键和引领作用，推动发展的内生动力和活力实现根本性转变，塑造更多依靠创新驱动、更多发挥先发优势的引领性发展，率先进入创新型省份行列，为加快山东经济文化强省建设、在全面建成小康社会进程中走在前列提供有力支撑。

1. 推动形成区域创新发展新格局

(1)打造山东半岛全球海洋科技创新高地

依托山东半岛国家自主创新示范区，全面落实蓝色经济引领转型升级的目标定位，瞄准世界科技前沿，聚焦体制机制创新，高起点、高水平、高质量地推进自创区建设。按照体制机制创新先行、经济转型升级带动、创新创业生态健康和开放协同引领要求，把自创区打造成为全省创新驱动发展核心引擎和经济发展新增长极。进一步提升山东半岛海洋科技创新全球影响力，形成国际海洋科学中心。以青岛海洋科学与技术国家实验室为创新核心，推进现代科研体系建设，聚集海洋科技创新人才，深化海洋科学领域研究，形成重大海洋科研成果，加快促进成果转化，为山东半岛蓝色经济发展提供源头创新供给。以海洋科技创新引领海洋产业发展，加强重大创新平台、公共服务平台统筹布局，重点支持青岛、烟台、威海建设海洋科技成果转化基地。进一步增强科技和金融的深度融合，为海洋科技创新提供有力的金融支持，加快以海洋高端装备产业、水产品精深加工及生物基新材料产业、深远海与极地渔业、绿色海洋化工产业、海洋信息服务产业、滨海生态文化旅游等为核心的涉海产业发展，积极打造海洋科技产业集聚区，带动山东半岛成为具有重要影响力的全球海洋科技创新高地。

(2)建设黄河三角洲现代农业科技创新示范中心

依托黄河三角洲农业高新技术产业示范区，发挥山东现代农业科技创新优势，推动创新要素合理流动，健全区域发展一体化协同推进机制，进一步扩大开放共享，开辟国际科技合作创新路径，积极打造具有国际影响力和示范作用的现代农业科技创新中心。加快区内农业高新技术综合性创新平台、专业性服务平台和技术成果转化推广平台建设，完善园区布局和特色产业基地建设。发挥农高区现代农业产业创新示范作用，积极开展高效生态农业、循环经济、盐碱地改良、生态保护、低碳工业等重点领域创新，在知识产权制度改革、科技金融结合等体制机制和政策创新方面先行先试，建立可复制、可推广的创新驱动城乡一体化发展新模式，为全省农业转方式、调结构提供强大引擎。稳步推进“渤海粮仓”农业科技示范工程，坚持绿色发展理念，探索盐碱地防控治理利用新路径，实现生态友好型发展。布局国家重大科技创新平台，着力在盐碱地综合防控治理关键技术方面实现重大突破，确保粮食安全、食品安全，为农业发展插上科技的翅膀。进一步扩大农业领域的国际科技合作，加快中以农业科技生态城建设，探索农业可持续发展新路径，积极开展与荷兰、加拿大、乌克兰的科技合作，引进消化吸收国外先进农业科学技术，因地制宜地实现再创新，为现代农业发展提供技术创新支持。

(3)推进省会城市群经济圈一体化联动发展

以省会城市济南为核心，充分发挥高校院所、科技人才集聚优势，深入科技研发加快成果转化，强化对周边城市创新辐射带动作用，成为经济圈人才、技术、资本的辐射源和输出地，成为国内重要的科技成果策源地、高新技术产业高地和区域性科技创新中心。支持济南建设数据科学中心和医学科学中心。依托经济圈内的国家高新区，打造带头创新驱动、带头转型升级的创新发展高地，形成示范带动效应。加强省会城市群经济圈创新平台布局优化，推进创新资源要素整合，强化产业分工协作，围绕滨州、淄博、济南、聊城产业带和德州、济南、泰安、莱芜产业带十字形发展轴布局，加快推进济南中科院山东科技创新协同中心建设，促进科技成果转化，带动产业发展，重点打造电子信息、特种新材料、生物医药、高端装备制造、轨道交通及运输装备、太阳能利用、智能输配电和输变电设备、现代纺织家纺、钢铁和有色金属新材料、现代种业和农产品深加工等十大创新型产业集群，构筑省会城市群经济圈优势互补、联动发展的良好格局。

2. 全面提升科技创新综合实力

（1）强化企业技术创新主体地位

突出企业创新主体地位，积极发挥政府引导作用，进一步加强政策保障，有力聚集创新资源，调动企业创新积极性、主动性，在全省转方式调结构中发挥主力军作用。制定鼓励企业创新的普惠性政策措施，鼓励企业完善技术研发、产品创新和成果转化机制。建立完善“企业出题，先期投入，协同创新，市场验收，政府补助”的机制，以促进企业成为技术创新决策、研发投入、科研组织和成果转化的主体。对接国家“创新百强”工程，选择一批骨干企业进行试点，培育成为科技创新领军企业。实施“一企一技术”扶持工程，促进企业向“专、特、精、新”方向发展。启动高新技术企业培育计划，进一步扩大高新技术企业规模，增强企业发展动力，到 2020 年，实现高新技术企业数量、产业产值较“十二五”末翻一番目标。扶持科技型小微企业加以发展，形成创新发展的后备力量。引导企业建立研发准备金制度，全面落实企业研发费用税前加计扣除、高新技术企业税收优惠等政策，引导和鼓励企业加大研发投入，不断提高自主创新能力。鼓励龙头企业与高校合作成立创新创业联盟，支持企业主导建立国家级产业技术创新战略联盟，加快建立企业、高校、院所、中介服务机构等多主体协同创新协调机制。支持以企业为主体建设重点实验室、工程实验室、工程（技术）研究中心、企业技术中心、工业设计中心等高层次创新平台。建立高层次、常态化的企业技术创新对话机制，增强企业在创新决策中的话语权，推动企业真正成为技术创新和成果转化的主体。

（2）发挥高校院所源头创新主力军作用

开展现代科研院所法人治理结构改革试点工作，推动科研机构制定章程，逐步推进科研事业单位取消行政级别，在全省探索建立更为高效更为灵活的现代科研院所治理模式。赋予高校院所科研活动更大自主权，在人员控制总量内、科研院所在编制员额内，按规定自主制定岗位设置方案；自主安排、执行用人计划，并建立动态调整机制；支持高校、科研院所科研人员交流从事“兼职”研发或教学，允许按照有关规定领取报酬，形成智力资源自由流动、优化配置、充满活力的良好机制和氛围。发挥高校、科研院所创新资源和创新人才聚集的优势，充分激发和释放高校和科研院所创新活力，为带动全省科技、产业实现“并跑”到“领跑”的转变提供源头创新供给。

(3)实施重大科技创新工程

积极对接国家创新重大战略部署，面向全省重大需求，加快构建起支撑引领全省经济社会发展的基础研究体系、高新技术体系、现代农业技术体系、社会公益技术体系；坚持战略和前沿导向，瞄准制约我省经济社会发展的重大科技问题，在信息安全、新能源、新材料、智能制造、精准医学、脑科学、节能减排、先进交通、现代农业、海洋产业等领域组织实施一批关键核心技术攻关和重大科技创新工程，推动新技术、新产业、新业态加速成长，带动全省产业向中高端发展；建立重大科技项目联合攻关机制，实现基础研究、应用开发、产业化应用示范的一体化部署；每年组织实施一批重大科技创新项目，突破一批制约产业发展的共性关键技术，掌握一批重点领域的核心技术知识产权，形成国家技术标准，规范引领全国相关产业加快创新发展。

3. 大力推进创新平台载体建设

(1)培育建设国家级科技创新基地

发挥青岛海洋科学与技术国家实验室的示范带动作用，以国家目标和战略需求为导向，依托企业、高校、科研院所，围绕盐碱地综合治理、橡胶材料、高速列车、高性能服务器、海工装备等重点优势领域，布局建设一批体量规模较大、学科交叉跨界融合、综合集成度高的重大科技创新基地；支持创新基地整合、聚集创新资源，提升突破战略前沿与共性关键技术、促进成果转移转化和国际技术交流的能力，争取重点领域国家实验室、国家技术创新中心和国家级成果转化基地等落地我省，进一步提升我省区域科技创新能力。

(2)统筹科技创新平台布局

围绕重点领域和重点产业发展，研究制定全省“十三五”科技创新平台建设规划，完善省级重点实验室、工程实验室、工程(技术)研究中心、企业技术中心及新型研发机构等创新平台建设布局，提升支持区域创新发展的能力；依托重点行业领军企业、高校院所，布局一批重点实验室，提高原始创新能力；瞄准科技创新前沿，依托重点行业领军企业，在重点领域布局建设一批技术创新中心，发挥技术创新中心在提升企业自主创新能力中的核心作用；探索建立支持技术创新中心发展的新机制，推进技术创新水平的大力提升，打造引领产业发展的新优势；强化公共研发服务平台体系建设，构建覆盖全省的互联互通、资源共享的研发服务平台网络，开展产业共性关键技术攻关和公共研发服务，为战略新兴产业发展和传统产业转型升级提供科技支撑。

4. 加快壮大创新型人才队伍

(1)加强创新型人才的培养和引进

坚持把人才资源作为第一资源，落实中央和省人才发展体制机制改革意见；深入实施创新人才推进计划，依托创新创业扶持计划、青年人才培养计划、杰出青年接力计划、拔尖人才支持计划和领军人才助推计划，构建从新苗人才到领军人才的多层次科技人才培养开发体系；充分发挥泰山学者、泰山产业领军人才工程的引领作用，围绕重大人才需求，加大海内外高层次人才引进力度，集聚一批对我省产业转型升级具有带动作用的首席科学家、产业领军人才、科技创新人才和高技能人才；对于引进的国际一流或顶尖人才团队，实行“特事特办、一人一策”，通过项目资助、创业扶持、股权投资、贷款贴息等方式，给予综合资助。建立省级重点人才工程、重大科技项目互通互认机制，引导广大人才为创新型省建设做出更大贡献。

(2)支持领军人才发挥创新引领作用

营造创新型领军人才能够脱颖而出、充分施展才干的优良环境；建立领军人才创新对话机制，增强领军人才在主导创新中的话语权；赋予领军人才更大的技术路线决策权、经费支配权和资源调动权；允许领军人才根据科研需要，打破所有制限制和地域限制，自主聘用“柔性流动”人员和兼职科研人员，自主组建科研团队；完善对科技领军人才的股权、期权及分红激励机制；鼓励高校、科研院所将领军人才职务发明的知识产权申请权和归属权通过协商约定方式赋予本人；试点组建科技领军人才研发工作室；充分调动领军人才的积极性，发挥创新型领军人才在自主创新中的引领作用，推动创新驱动发展。

(3)建立科学的人才分类评价机制

完善人才评价制度，推进创新型人才分类评价机制改革，破除束缚人才发展的体制机制障碍，激发人才创新创造创业活力；基础研究人才以同行学术评价为主，注重研究成果质量及学术影响力，适当延长评价考核周期；应用研究和技术开发人才突出市场评价，注重创新能力、创新成果、标准制定、专利创造和运用；科技成果转化人才强调效益评价，注重经济效益、社会效益和生态效益评价；强化体现人才智力价值的激励，使各类创新型人才在干事创业、价值创造和专业发展中脱颖而出，更好地发挥其应有的作用。

5. 着力推进科技金融深度结合

(1)加大科技投资基金支持创新力度

发挥政府引导作用，吸引社会资本积极参与，不断扩大科技投资基金规模，构建满足不同发展阶段科技型企业融资需求的科技创业投资体系；加大对省科技成果转化引导基金、省天使投资引导基金、省创业投资引导基金和省新兴产业创业投资引导基金等省级股权引导基金的支持创新力度，对在“新三板”、省内区域性股权交易市场新挂牌的科技型企业，省级引导基金采取直投方式参股支持；实施科技投资风险补偿，吸引众多社会金融资本机构加大对科技型中小企业的资金投入；省级引导基金参股子基金投资种子期、初创期科技型企业发生投资损失的，省财政对社会资本出资人按一定比例对实际投资损失给予补偿；支持省级以上科技企业孵化器与创业投资机构共同设立天使基金、种子基金，鼓励利用“孵化＋创投”模式，为在孵企业和项目提供便捷融资渠道。

(2)建立投贷联动机制

积极推动科技信贷发展，鼓励银行机构对省级引导基金及参股子基金投资的挂牌企业项目，放大倍数跟进贷款，加大对科技型中小微企业的信贷支持力度；对被投资挂牌企业不能按期偿还的银行贷款，引导基金按一定比例代偿，并可相应转为对项目企业的股权投资；对省级引导基金及参股子基金投资的种子期、初创期企业首贷出现的坏账项目，省财政按一定比例对贷款银行本金损失给予补偿；建立省市两级财政主导的科技成果转化贷款风险补偿机制，引导银行机构为科技型中小微企业实施科技成果转化提供资金支持；设立省级知识产权质押贷款风险补偿基金，加大知识产权质押融资扶持政策实施力度，推动知识产权质押融资加快发展。

(3)拓宽科技型企业融资渠道

积极构建多层次资本市场，推动规模以上高新技术企业和科技型企业规范化公司制改制，通过债券市场、境内外股票市场、“新三板”、区域性股权交易市场等多渠道开展直接融资；鼓励齐鲁股权交易中心增设“科技板”，完善工商部门与区域性股权交易中心的股权登记对接机制，促进科技型企业股权质押融资；鼓励融资租赁机构为企业提高研发设备租赁业务；深化与深圳证券交易所合作，依托中国高新区科技金融信息服务平台，在省级以上高新区布局建设具有不同专业特色的科技金融路演中心，搭建科技型企业与投资机构线上线下对接平台，为科技型企业融资提供全方位服务。

6. 加快推进科技服务民生

(1)着力推进科技惠民

围绕人口健康、生态环境、公共安全等与百姓生活密切相关的科技需求，组织实施科技惠民重大关键技术攻关，着力突破一批重大社会公益性关键核心技术，研发一批具有自主知识产权的成果和产品，全面提升人民生活品质；实施节能减排创新行动，提高资源利用效率和使用效益，增强科技创新对生态文明建设的支撑作用；积极推进智慧城市建设，推进物联网、公共安全、节能环保、公共卫生、科技文化等社会发展领域的技术集成创新与应用，促进民生科技产业发展与经济社会可持续发展。

（2）扎实开展科技精准扶贫

全面落实中央和省委、省政府关于扶贫开发工作部署，实施科技下乡助推脱贫行动，开展有针对性的精准扶贫；积极动员涉农部门、科研单位、大专院校等开展定点帮扶，实现扶贫工作重点村科技指导人员全覆盖，组织开展精准科技培训，确保科技帮扶取得显著成效；推进产业扶贫体制机制创新，助力重点县域、重点村脱贫致富；紧密围绕全省贫困地区的特色、优势产业发展和科技需求，积极建设“星创天地”“农业科技小院”等新型农业创新创业综合性服务平台，推进农村科技创新创业，加快农业科技成果转移转化。

（3）大力提高全民科学素质

加强科学技术普及，深化实施全民科学素质行动计划，加大公益性社会服务投入，完善科普基础设施体系，大力提升科普基础设施与科普服务信息化水平；支持有条件的地市发展科普旅游、科普会展、科普教品等科普产业，争创一批国家科普示范基地和国家特色科普基地；推动科研院所、高校、企业的各类科研基地和设施向社会公众开放，带动全社会公众科技文化素质和水平的提升。加强农村科普公共服务建设，广泛开展农业科技教育培训和农村科普活动，助力社会主义新农村和生态文明建设；强化社区科普公共服务，创新科普方式和科普内容，推动形成讲科学、爱科学、学科学、用科学的良好氛围。

（三）保障措施

1. 加强组织领导

成立部省推进创新型省份工作领导小组，建立省部协同推进创新型省份建设试点工作机制，加强组织领导和统筹协调；建立完善

“省部会商”机制，共同研究解决创新型省份建设试点中的重大问题；充分调动各地市、各部门的积极性和创造性，对于重点建设任务，实行部省会商指导、省市以及各部门协调推进、分工负责的工作机制，加强部门之间、部门与地方之间的协同，形成全省层面全员参与的工作局面。

2. 强化实施考核

加强顶层设计和整体部署，研究制定创新型省份建设试点推进行动计划，强化工作分工与目标责任落实，将创新型省份建设试点任务明确到各地、各部门，强化专人负责制，确保各项建设任务落实到位，有序推进；将创新型省份建设的主要发展指标实施情况纳入地方各级政府及有关部门绩效考评的重要内容；建立健全创新型省份建设监测评估体系，采取第三方评估机制，定期发布监测评价报告。

3. 加大宣传力度

加大对创新型省份建设工作的宣传力度，年度总结推广典型经验，宣传表彰在创新型省份建设试点中成绩突出的单位和个人，激发全社会的创新创造活力，营造全省上下关注、各方支持、全员参与创新型省份建设的良好氛围。

五、山东省加快创新城区建设研究报告

创新城区是国内外区域创新发展实践的新热点、新趋势，也是我省贯彻落实创新驱动发展战略、加快建设创新型省份的新抓手。“十三五”期间，进一步明确创新城区建设的总体思路、配套政策和保障措施，成为深入推进创新城区建设的当务之急。2016年，带着这些问题，《山东省创新城区建设研究》课题组总结分析了济南、潍坊、济宁、德州等市创新城区建设经验，并立足我省全局，提出了加快创新城区建设的思路与对策，具体报告如下。

（一）山东省加快创新城区建设的总体思路

从世界典型创新城区发展经验来看，大力发展创新城区有利于加快实施创新驱动发展战略，促进产业结构转型升级，加强新型城市化建设。因此，全省必须提升对创新城区建设的认识水平和重视程度，将其作为创新型省份建设的一项重要任务来加快推进工作开展。

1. 基本思路

创新城区建设要以构建一个充满生机活力的创新创业生态系统为宗旨，打造成为集科教资源、产业发展、城市规划、创新文化于一体的综合性城市空间。在创新城区内，以创新创业为基点，由科技创新带动产业发展，由产业发展助推城市建设，由城市建设营造创新文化，创新文化又反过来进一步促进本区科技、产业和城市发展，形成循环发展、螺旋提升的小型区域创新系统。基于此，创新城区的基本建设思路就是：坚持创新、协调、绿色、开放、共享发展理念，牢牢把握创新创业这一灵魂主线，全面深化科技体制改革，推动以科技创新为核心的全面创新，着力将创新城区打造成区域科技创新的重要策源地、新兴特色产业的集聚高地、新型城市建设的示范基地和创新创业文化的空间载体，为我省率先进入创新型省份行列提供有力支撑。

2. 重要任务

(1)将创新城区打造成为区域科技创新的重要策源地

坚持政府引导、市场主导的发展路径，建立以企业为主体、以市场为导向、政产学研紧密结合的开放型技术创新体系。集聚科教创新资源，大力引进高等院校、科研机构和教育培训机构，联合高校院所共建综合性研究院，加快提升本区人才培育和技术创新能力；大力引进和培育龙头创新型企业，加强产学研合作和协同创新，鼓励企业创建工程中心、企业研究院等创新平台，实现创新链上的建链、补链、强链；通过专项人才计划、建设科技企业孵化器、搭建国际合作载体等方式，面向海内外大力引进高端人才、创新团队和先进技术成果，使人才驱动创新、创新驱动发展，大幅提升创新城区的技术创新能力和核心竞争力。

(2)将创新城区打造成为新兴特色产业的集聚高地

坚持立足本地特色和资源优势，突出新兴产业培育和支柱产业竞争力提升，打造若干特色创新产业链条，将创新城区打造成创新创业创意产业的集聚发展区和引领辐射的创新高地。一要依靠科技创新改造提升传统产业，加大轻工、纺织、机械等优势传统产业的智能化、自动化、网络化改造升级力度，提高产业装备水平和产品附加值，大力发展节能减排和循环经济。二要围绕重点领域，加快培育壮大战略性新兴产业，拉长产业创新链，强化周边资源配套，打造具有较强国际竞争力的创新型产业集群。三是重点发展现代服务业，做大做强信息服务、现代物流等生产性服务业，加大技术集成和商业模式创新，发展高创意性产业和先进商业服务业，支持扩大社会公共服务供给，打造高端服务产业发展中心。

（3）将创新城区打造成为新型城市建设的引领示范基地

创新城区不仅强调各类创新资源的集聚，而且还强调区域内人们的生活品质，包括提供就业机会、住房、交通的通达性、互联网络的便利性以及休闲娱乐等综合服务功能，最终形成集交流、创业、文化、休闲、居住于一体的公共服务空间。在空间布局上，强化智能化办公楼及各种商业服务设施建设，提供住宅、办公、零售、休闲、娱乐等多功能区域，布局建设大学科技园、知识产权园、教育服务园区、中小企业研发外包服务中心、创业者公共实训基地等，实现大杂烩式的混合布局；在功能融合上，适应高科技工作者与常人不同的生活方式，注重融办公和居住为一体，能够瞬间完成工作和生活的角色转换；在资源集聚上，充分利用周边著名大学和各类科研院所的丰富资源，培育和打造浓厚的社区创新文化。总之，在社区与园区空间混合、工作与生活功能融合的创新环境下，营造“亦社区、亦园区、亦休闲、亦工作”的柔性自由的空间氛围。

（4）将创新城区打造成为创新创业文化的核心空间载体

坚持以构建创新创业生态环境为目标，切实将“大众创业、万众创新”政策落地生根，把“双创文化”融入创新城区的内涵建设。落实“创业中国”行动计划，鼓励在创新城区实施“创业中国”发展工程，推广创客空间、创新工厂等孵化模式，大力发展市场化、专业化、集成化、网络化的“众创空间”，实现创新与创业、线上与线下、孵化与投资相结合，为小微创新企业成长和个人创业提供低成本、便利化、全要素的开放式综合服务平台；健全创业辅导指导制度，支持举办创业训练营、创业创新大赛等活动，培育创客文化，加强对创新创业成功范例及优秀创新创业服务机构的宣传，打造“创新城区”特色品牌；推动“大众创业、万众创新”，鼓励发展众创、众包、众扶、众筹空间，让每个有创新意愿的人都有机会和空间，加速形成人人崇尚创新、人人希望创新、人人皆可创新的社会文化氛围。

3. 建设目标

(1)全省创新城区建设的总体目标

全省创新城区建设的总体目标：到2020年，用5年时间建成30个充满生机活力、各具特色优势的创新城区；集聚300名山东省泰山人才及以上高端科技人才；打造100个创新创业社区空间；扶持一批具有关键核心技术和国际竞争力的产业领军企业，培育1 000个创新型中小微企业；形成30个100亿元特色鲜明、配套完整的创新型产业集群，在全省转型升级提质增效中充分发挥重要引擎作用。

(2)单个创新城区建设的具体目标

单个创新城区建设的具体目标：到2020年，每个创新城区都要成立分管副市长担任组长的建设领导小组；全区研发投入强度不低于5%；设有不低于2个亿元的市级财政专项建设基金，具备若干个国家级各类创新平台或特色产业基地；建有1个以上的国家级技术转移中心和科技企业孵化器；拥有一个省级及以上产业技术研究院。

4. 建设方式

目前，创新城区在国内外处于探索阶段，还没有形成一个较为成熟的体制机制及建设模式可供参考和借鉴。所以，我省创新城区建设可采用先行试点、示范推广的两步走策略。

首先，选取若干条件成熟的城区开展试点工作，为全省探索模式，总结经验；其次，3年试点成效显著的城区可作为典型示范，总结出可借鉴、可复制的成功经验做法予以推广；最终，通过典型示范引领和特色错位发展，带动全省创新城区建设按期实现预定目标。

(二)山东省加快创新城区建设的政策机制

1. 建立高校、科研院所与企业互动创新发展机制

一是加快引进高等院校、科研院所和企业在创新城区设立研究生院、应用类研发分支机构、成果转化基地，开展技术转移和创业孵化；创新科研院所管理体制，完善法人治理结构，推行理事会领导下的科研院（所）长负责制，加快企业化管理、市场化运营。

二是提升高等院校和科研院所产业技术支撑能力，支持高校院所依托重点实验室、工程中心等创新平台建设产业技术研究院，通过自主研发、合同科研等方式，组织开展行业共性技术开发，孵化育成新兴产业。

三是加强创新城区高校和科研院所的融合互动，支持企业、高校、科研院所联合组建产业技术创新战略联盟，开展重大课题研究、共性技术攻关、科技人才培养与交流，探索技术入股、技术授权转让、共建研发机构等合作模式，推动重大科技成果产出。对承接高等学校、科研院所重大科技成果并在省内成功转化的企业给予奖励。

四是鼓励高校院所与企业（以企业为主）组建一批产业技术研究院、科学技术研究院或开放实验室等新型研发组织，鼓励高校院所科技人员到新型研发组织开展技术服务，通过企业委托项目经费差别管理、提高劳务收入、允许兼职报酬等方式，实现科技人员与企业技术需求的无缝对接。

2. 建立创新城区的科技成果转化激励机制

一是赋予创新城区内高等院校和科研院所科技成果自主处置权，单位主管部门和财政部门对科技成果在境内的使用、处置不再审批或备案，成果转化所得收入全部留归单位自主分配，纳入单位预算，实行统一管理。

二是健全科技成果转化收益分享机制，鼓励高等院校和科研院所将职务发明成果转让收益在重要贡献人员、所属单位之间合理分配，用于奖励科研负责人、骨干技术人员等重要贡献人员和团队的部分不低于成果转化收益的70%。

三是完善科研人员的激励和评价制度，制定创新人才股权激励办法，鼓励各类企业通过股权、期权、分红等方式，调动科技人员创新积极性；完善科技人员职称评审和奖励制度，将专利创造、标准制定及成果转化作为职称评审和岗位考核的重要依据。

3. 建立金融对创新城区创新创业的助推机制

一是发挥财政资金引导和放大效应，逐步扩大各类成果转化基金、天使投资引导基金、创业投资引导基金、产业引导基金等基金规模。落实促进创投机构发展优惠政策，对符合条件的投资类企业给予落户补贴。

二是建立科技金融风险补偿机制，对金融机构为科技型中小企业提供贷款、担保、保险等发生的损失给予一定比例补偿。建立知识产权质押融资风险补偿机制，引导金融机构开展专利权、商标权、版权等知识产权质押贷款业务。

三是引导科技型中小企业在多层次资本市场融资。鼓励企业上市融资，支持在“新三板”挂牌企业发行中小企业私募债和优先股。

4. 建立创新创业人才引进、流动和评价机制

一是实施更加积极的人才政策，设立创新创业人才基金，制定柔性引进高端人才及团队等政策，制定更加开放的海外人才引进政策，完善房租补贴、设备购置、团队建设等方面支持措施，优化人才创新创业环境，鼓励海外人才来创新城区进行创新创业。

二是鼓励科研人员在职离岗创业，允许高校和科研院所等事业单位科研人员在履行所聘岗位职责前提下，到科技创新型企业兼职兼薪。实施弹性学制，允许在校大学生保留学籍休学创业，创业实践可按相关规定计入学分。

三是建立更加灵活的人才管理制度，健全人才评价体系，对从事科技成果转化、应用开发和基础研究的人员分类制定评价标准；强化创新创业实践能力评价，激发人才创新创造活力。

四是加强创新创业型企业家培训，增强企业家变革、创新、创业的战略意识；拓展企业家的现代化、国际化发展思维，提升企业家综合素质和创新创业能力。

5. 建立网络化、多元化的创业孵化生态体系

一是加强政策集成和资源共享，打造主体大众化、空间多样化、服务专业化的创业孵化生态体系。鼓励发展混合所有制的孵化机构，支持民营科技企业搭建孵化器等创新平台。扶持发展创业苗圃、孵化器、加速器等创业服务机构。

二是支持创建创业大学、创客学院，鼓励存量商业商务楼宇、旧厂房等资源改造，促进市区联动、社会力量参与、提供开放的创新创业载体。

三是扶持新技术、新产业、新模式、新业态等“四新”企业发展，建设“四新”城区。大力扶持众创空间发展，支持网络众创空间和创新型孵化器发展。鼓励支持创造创意活动，培养具有创造发明兴趣、创新思维和动手能力的年轻创客，扶持更多创新创业社区。

（三）山东省加快创新城区建设的关键举措

1. 强化组织领导，建立强有力的工作推进机制

一是健全组织领导机制。在省级层面，成立以省科技厅主要领导为组长、各市主管领导为组员的“山东省创新城区建设领导指导小组”，统筹全省创新城区建设工作，协调解决创新城区建设中的重大问题。在市（区）级层面，成立以市（区）政府主要领导为组长的“市（区）创新城区建设领导小组”，领导和统筹所辖创新城区建设工作。

二是建立工作推进机制。各市（区）成立由组织、发改、经信、科技、中小企业、财政等部门参与的市（区）创新城区建设领导小组办公室，具体负责落实城区建设有关事宜。各部门间要建立推进创新城区协同机制，建立联席会议制度和问题协调解决机制，切实形成城区建设的合力。

三是建立监督考核机制。研究制定创新城区建设的考核指标体系和考核办法，建立创新城区评估监测通报制度，以评促建，追责问效，确保创新城区建设的各项任务落到实处。

2. 加强顶层设计，规划全省创新城区建设路径

一要强化创新城区建设的重要地位，将其纳入我省“十三五”科技创新发展规划中来，将创新城区建设情况纳入科学发展综合考评体系。加强创新城区的战略性、前瞻性和全局性的重大问题研究，为全省创新城区建设提供科学有效决策支持。

二要加强创新城区建设的总体规划，出台《山东省创新城区建设行动路线图2016～2020》，坚持“科学规划，统筹推进，试点先行，政策配套”的原则，有步骤、有计划地稳步推进全省创新城区的总体建设。

三要支持各市区结合本地优势和特色条件，制定创新城区建设子规划和实施方案，确保创新城区建设试点工作的科学规划与稳步实施。坚持全省科技发展战略规划与地市创新城区发展规划的相互衔接与协调，形成省、市、区协同创新的发展格局。

3. 加大财政支持，促进资源要素向创新城区集聚

一是设立创新城区建设专项资金和引导基金。全省和各市设有不低于2个亿元的财政专项建设基金，主要用于城区的创新服务体系建设、创新创业载体功能建设、创新产业体系建设、高层次创新人才引进培养以及创新科技金融服务等。

二是强化政府部门的政策协同配合。不同政府部门的创新创业政策应协同，强化同一政府部门的创新创业政策集成，强化政府部门的创新创业服务水平优化提升，有效避免“多龙治水、各自为政”以及“撒芝麻盐”现象。

三是资源配置向创新城区倾斜。省级层面在各类科技创新平台建设、科技重大专项、科技成果转化专项资金、战略新兴产业和创新型产业集群重大项目、省科技厅人才推进计划、泰山产业领军人才计划等方面给予创新城区建设试点区域优先支持。市级层面也要相应地在创新政策和资源配置方面给予配套支持和保障，形成省科技厅与相关地市政府合力推动创新城区建设的经费协同机制。

4. 发展众创空间，服务城区实体经济转型升级

一是加强创新城区众创空间专业化建设。贯彻落实《国务院办公厅关于加快众创空间发展服务实体经济转型升级的指导意见》，推动创新城区众创空间配套支持全程化、创新服务个性化、创业辅导专业化，吸引更多科技人员投身科技型创新创业，促进人才、技术、资本等各类创新要素的高效配置和有效集成，推进产业链创新链深度融合，提升服务创新创业的能力和水平。

二是加强创新城区众创空间多元化建设。结合创新城区建设，围绕重点领域，针对产业需求和行业共性技术难点建设众创空间；鼓励龙头骨干企业围绕主营业务方向建设众创空间，打造辐射带动中小微企业成长发展的产业创新生态群落；鼓励科研院所、高校围绕优势专业领域，建设以科技人员为核心、以成果转移转化为主要内容的众创空间。依托国家自主创新示范区、国家高新技术产业开发区等试点建设一批国家级创新平台，推动各地发展各具特色的双创基地。

三是强化创新城区众创空间政策扶持。实行奖励和补助政策，对众创空间的办公用房、用水、用能、网络等软硬件设施给予补助。落实促进创新的税收政策，众创空间发生的研发费用符合规定条件的可适用研发费用税前加计扣除政策，符合规定条件的众创空间可适用科技企业孵化器税收政策。高校、科研院所要按照规定落实科技成果使用权、处置权和收益权政策，支持科技人员到众创空间创新创业。调动企业参与众创空间建设的积极性，相关投入可享受研发费用加计扣除政策。

5. 开展“互联网＋”行动，优化创新城区内涵建设

一是“互联网＋”创新创业。加速推动“互联网＋”创新创业活动发展，培育众包、众创、众筹、众扶等服务业态。支持企业建设开放式创新创业平台，整合互联网资源和行业资源，提供设计、测试、生产、融资、运营等创新创业服务。支持网络众创空间和创新型孵化器发展，构建多要素网络众创空间，进一步推进城区创新创业发展。

二是“互联网＋”产业发展。充分利用互联网、大数据和云计算等新一代信息技术，围绕商务、金融、制造、能源、物流等重点产业，加强信息化、网络化和智能化改造，加快两化融合，发展新技术、新产业、新模式、新业态，推进产业转型升级，深入促进创新城区内涵式发展。

三是“互联网＋”公共服务。依托互联网平台，围绕城市交通、公共安全、生态环境、社会管理等重要环节，增强城市运行管理智慧化程度；围绕教育、医疗、餐饮、休闲娱乐、旅游、养老等民生事项，优化创新城区的公共服务供给和资源配置，构建方便、快捷、绿色、安全的宜居空间。

6. 打造双创文化，强化创新城区的宣传示范效应

一要加强创新文化建设。以创新城区为空间载体，倡导创新意识，培育创新创业生态，积极营造鼓励探索、宽容失败和尊重个性、尊重创造的环境，使创新成为一种价值导向、一种生活方式、一种时代气息，激发大众创业、万众创新的热情，在创新城区形成浓郁的创新创业文化氛围。

二要加大创新城区建设宣传力度。将创新城区与科技工作有机衔接起来，对创新城区建设工作开展深度宣传，加强创新城区建设的有关政策宣传、宣讲。将创新城区建设的相关成果有计划、有层次、有重点地通过网络、电视、报社等相关媒体定期发布、宣传，总结创新城区建设的成功经验。

三是强化创新城区的示范效应。建立创新城区建设示范基地的评选制度，通过树立先进典型和总结成功模式，充分发挥示范基地在全省创新城区建设与推进中的标杆示范和推广带动作用。

产业技术篇

一、山东省高新技术领域发展战略规划研究

2016 年，根据省科技厅工作部署，《山东省高新技术领域发展战略规划》课题组围绕“十三五”山东省高新技术领域开展了发展战略规划研究，形成如下研究报告。

（一）基础与形势

1.“十二五”期间发展的主要成效

“十二五”期间，山东省围绕省委、省政府战略部署，深入实施创新驱动发展战略，全省高新技术产业蓬勃发展，重大关键共性技术取得新突破，重大科技创新成果不断涌现，高新技术企业快速成长，创新平台和产业集群建设取得突出成效，高新技术产业基地创新集聚成效明显，为进一步促进高新技术产业引领支撑产业转型升级，加快建设创新型省份奠定了坚实基础。

（1）高新技术产业规模不断增大，成为支撑我省经济高速增长的重要力量

我省国家级高新技术企业总数达到 3 903 家，比 2010 年增加 2 100多家。在省级科技型中小企业创新发展扶持项目实施后，88%的小微企业研发资金投入增加 15%以上，为我省经济发展注入大量新活力。全省规模以上高新技术企业实现产值 4.77 万亿元，占规模以上工业企业产值的比重达到 32.51%，比“十一五”末提高 6.4%。高新技术产业在我省转型升级、“凤凰涅槃”中发挥了重要作用。

(2)企业自主创新能力不断提升,高新技术领域创新成果大量涌现

"十二五"期间,一批关键核心技术取得重大突破,企业自主创新国际化竞争力正在形成。全省工业高新领域争取国家"863"计划、科技支撑计划、重大科技工程等各类经费支持共计 25 亿元左右,立项启动"863"计划、科技支撑计划项目 150 余项。如浪潮集团研制的"天河 2 号"计算机成为目前全球最快超算系统;济南二机床研制的"大型快速高效数控全自动冲压生产线",创造了 1 分钟压制 15 个大型汽车覆盖件的世界最高纪录,并成功出口美国福特公司;盛瑞传动股份有限公司研发的世界首款前置前驱 8 档自动变速器 10 万台生产线正式投产,使我国变速箱技术跨入世界先进行列;山东天岳晶体材料有限公司在国内率先实现高品质半绝缘碳化硅(SiC)衬底材料规模化生产,打破了我国第三代核心半导体材料受制于人的局面。

(3)产业创新平台支撑作用显著增强,创新型产业集群快速发展

"十二五"期间,全省拥有国家工程技术研究中心和企业国家重点实验室分别达到 36 家和 17 家,数量居全国前列;省级重点实验室和省级示范工程技术研究中心分别达到 244 家和 266 家,成为全省创新能力提升的重要平台支撑。全省拥有国家级高新技术产业化基地 13 家,总量居全国第二位;拥有国家火炬特色产业基地 56 家,基地内企业数合计 4 513 家,实现工业总产值 10 345 亿元。潍坊光电、济南智能输配电、烟台海洋生物与医药、济宁高效传动与智能铲运机械 4 个产业集群成为国家创新型试点产业集群,形成青岛新型数字家电、潍坊动力机械、东营石油装备、淄博新材料 5 个千亿元高技术产业集群,有力带动了全省高新技术产业快速发展。

(4)创新创业生态环境不断优化,科技服务业发展初具规模

我省共有省级以上科技企业孵化器 145 家,其中国家级科技企业孵化器 66 家,省级科技企业孵化器 79 家,国家级科技企业孵化器

数量居全国第二位，省级以上科技企业孵化器实现了17市全覆盖。全省经认定的省级以上科技企业孵化器已建成孵化器面积400多万平方米，在建面积近500万平方米，累计孵化企业超过1万家，毕业企业4 500余家。我省有省级以上备案众创空间248家，其中国家备案众创空间56家，居全国第三位；国家专业化众创空间3家，居全国第一位。我省自2013年始启动了中国创新创业大赛山东赛区的比赛，截至目前，全省近200余家创新创业企业分别获得70余个创投和金融机构约20亿元的资金支持，另有500余家小微企业与创投机构达成协议，由创投机构进行深度跟踪、重点培育，创新创业生态环境得到持续优化，推动了我省科技服务业的快速发展。

2."十三五"期间面临的主要形势

自20世纪下半叶开始，迅速崛起的高新技术产业在带动全球产业结构全面调整升级的同时，逐渐成为国际经济竞争的重要领域和世界各国瞩目的焦点。从国际竞争形势看，随着经济全球化程度的不断提高、全球范围内市场竞争的日趋加剧，新一轮科技和产业革命正孕育兴起，高新技术及其相关产业已经成为衡量一个国家和地区综合实力的重要指标。从全国发展态势看，高新技术作为一个国家最先进的技术群，在经济发展中的重要性日益凸显。伴随着全国科技创新大会的召开，更是在全国吹响了建设世界科技强国的号角，大力发展高新技术产业成为贯彻落实创新驱动战略的关键环节。从我省形势看，山东省提出在2020年率先建成创新型省份，这就需要推进我省传统产业转型升级和大力培育战略性新兴产业，关键所在就是依靠高新技术企业打造高新技术产业集聚发展新业态、新动能、新引擎。尽管近年来我省高新技术产业发展取得了显著成效，但在发展的过程中也存在一些突出问题：高新技术产业规模不强，企业数量相比广东、浙江、江苏较少；高新技术产业高附加值低，企业国际竞争力有待提高；重大平台布局建设滞后，产业创新集聚不强；科技服务业体系不健全，高新技术产业化政策仍需优化等问题依然存在。

"十三五"时期，必须要顺应国际国内高新技术创新发展大趋势，适应、把握和引领新常态，进一步贯彻落实创新驱动战略，围绕创新型省份建设，推进科技的供给侧结构性改革，加快高新技术产业发展，构建经济发展新动力、培育驱动发展新动能，全面促进我省经济提质增效、产业转型升级，实现高新技术产业重大飞跃。

（二）总体要求

1. 指导思想

以贯彻落实省国民经济和社会发展"十三五"规划、省科技创新发展"十三五"规划为指引，坚持"创新、协调、绿色、开放、共享"发展理念，深入实施创新驱动发展战略和推进供给侧结构性改革，坚持高新技术产业"产业创新核心力量、区域发展核心支撑"（双核）这一主线，以新一代信息技术、生物技术、高端智能装备制造、新材料、新能源为五大发展重点领域，以培育认定国家高新技术企业为提升我省自主创新能力的关键点；以培育打造国家级、省级创新平台和新型研发组织为区域创新发展新引擎建设的主抓手；以高新技术产业化基地、火炬特色产业基地和创新型产业集群建设为创新支撑引领产业转型升级的新动能；以众创空间（科技企业孵化器）为代表着力培育打造创新活力迸发的科技服务业新生态，充分发挥科技创新在发展中的核心引领作用，为推进我省率先进入创新型省份行列，加快经济文化强省建设，在全面建成小康社会中走在前列提供有力支撑。

2. 发展原则

坚持创新引领，实现创新集聚驱动发展。加快高新技术企业和高水平创新平台、高新技术基地发展，着力突破关键核心技术，全面提升自主创新能力。培植一批规模优势突出、创新能力强、示范带动作用大的创新型产业集群，推进产业集约化、集群化、规模化发展。

坚持统筹布局，整合优化创新资源。加强高新技术产业发展的战略规划和统筹布局，注重高水平创新资源和平台的全局优化，加强创新创业政策的连续体系化，全面整合各类资源，形成高新技术产业发展的全省上下联动、协同创新的合力。

坚持重点突破，有所为有所不为。依托我省产业基础和比较优势，坚持有所为、有所不为的工作方针；超前部署重大关键技术攻关，构建起引领、支撑产业中高端发展的高新技术创新体系；实施集中攻坚、聚焦突破，加快形成产业核心竞争新优势。

坚持改革创新，持续释放创新活力。全面深化科技体制改革，加快破除制约科技创新的体制机制障碍，实现政府职能由研发管理向创新服务的根本转变；强化企业创新主体地位，营造有利于“大众创业、万众创新”的政策环境和制度环境；培育打造高效率的创新创业生态体系，使各类创新主体的创新活力得到充分激发与释放。

3. 发展目标

根据山东省《关于深化科技体制改革加快创新发展的实施意见》和《“十三五”科技创新规划》部署，我省应以创新型省份建设走在前列为总目标，将提升全社会研发投入占 GDP 的比重、高新技术企业数量和产业产值、开展研发活动的企业占比等作为工作的出发点和立足点，加快发展高新技术产业。到“十三五”末，构建形成先进自主的高新技术体系，企业技术创新主体地位进一步巩固，一批高新技术企业成长为具有国际影响力的创新型领军企业。创新型产业集群、高新技术产业化基地和火炬特色产业基地等重大创新平台成为支撑区域产业发展的重要力量。科技服务业体系初步建成，科技支撑引领产业转型发展作用显著增强，科技与经济结合更加紧密，为率先建成创新型省份提供有力支撑。

——自主创新能力显著提升。全省规模以上企业研发经费占主营业务收入的比重达到 1.1%左右。在新一代信息技术、生物技术、高端智能装备制造、新材料、新能源等重点领域取得 100 项以上重大关键技术突破，形成一批在国内外具有较大影响力的技术、产品和具有原创知识产权的知名品牌，在若干重要领域形成先发优势。

——产业竞争力大幅度增强。高新技术产业产值和高新技术企业数量比“十二五”末翻一番，高新技术产业产值占规模以上工业企业总产值比重达到38%，高新技术企业数量达到8 000家。创新型产业集群快速发展，形成一批技术含量高、核心竞争力强、特色优势突出的产业链和产业集群，培育建设一批具有较强国际竞争力的创新型产业集群，产值超千亿元产业集群达到20个左右。

——产业集聚发展创新平台载体建设更加完善。围绕“两区一圈一带”区域发展战略部署和全省创新链布局需求，重点培育100个定位明确、特色鲜明、开放服务和重大创新产出成效显著的技术创新研发平台；培育100个市场化水平高、自我发展能力强、创新公共服务成效显著的科技创新公共服务平台。加快各类基地、平台管理体制和运行机制创新，国家高技术产业化基地、火炬特色产业基地等创新载体在全省的布局更加完善。到2020年国家火炬特色产业基地达到80家，国家高新技术产业化基地达到22家。

——创新创业环境更加优化。科技创新政策体系不断完善，实现年登记技术合同成交额约800亿元，创新创业公共服务体系更加健全。引进一批全球高端科技服务机构，培育2 000家科技服务骨干机构，科技服务业产业规模达到7 000亿元，创新创造创业活力得到更大程度的激发和释放。

（三）重点任务

1. 构建支撑引领产业发展的高新技术创新体系

厘清重点领域产业技术链条，本着有所为有所不为的原则，组织实施重大科技创新工程，对有望支撑我省重点产业跨越发展的核心技术进行全链条研发部署，组织产学研协同攻关，加快重大关键技术突破，构建支撑引领产业发展的高新技术创新体系。

（1）新一代信息技术

加快部署以网络化、泛在化、智能化等为发展趋势的新一代信息技术研究；重点研究新一代信息网络、高端计算和存储装备、核心电子器件、新型显示、高端软件等新一代信息技术与产品研发，增强信息技术对经济社会的基础性支撑。

新一代信息网络。面向第5代移动通信(5G)、新一代自主卫星通信、量子通信等领域，研究高速率低时延的组网与传输关键技术，在新型移动计算、高速互联、先进存储、体系化安全保障等方面开展新一代网络通信核心技术攻关。突破物联网终端通用系列SOC芯片关键技术，开发e仪表智能化技术，推动“互联网+”大数据信息技术、智慧城市、智能管理等领域发展。

高性能计算/高端服务器。突破FPGA高层综合、多FPGA芯片的任务管理及异构系统任务调度等关键技术，研制FPGA异构加速系统。突破访存性能、多级Cache一致性协议、片间互连、虚拟化、高可用等核心技术，研制16路以上新型处理器协同芯片。突破高带宽、大容量、低功耗的异构混合内存技术，研究扁平化存储层次架构，实现按需重构的内存计算技术。

网络存储技术。研究扁平化存储层次架构技术，研制基于新型存储器件的高带宽、大容量异构混合存储。研究支持10EB级数据的分布式存储和管理技术，研究软件定义网络和存储技术，突破云数据中心网络和存储虚拟化、基于高速交换带宽的存储与数据网络融合、多租户资源共享和隔离、按需构建网络拓扑和QoS，按需提供存储资源等关键技术。

核心电子器件。突破软硬件逻辑模块复用技术、编解码加速算法、封装的电磁兼容设计、LED照明、电容式触控屏柔性ITO导电膜等关键技术，研发面向移动智能终端、网络通信、金融等行业的射屏识别(RFID)、绝缘栅双板型晶体管等(IGBT)、存储设备、传感器等集成电路专用芯片及器件。

新型显示技术。重点开展有机发光显示、激光显示、三维显示、数字电视一体机等新型显示技术研究。

基础软件与高端软件。突破高端应用软件核心技术，开发云操作系统、高可信服务器操作系统等高端计算机基础软件与工具集；

研发安全桌面操作系统、高可靠高性能的大型通用数据库管理系统、基于SOA的应用服务器中间件、嵌入式操作系统等基础软件、自主可控的智能制造平台软件和重点领域应用软件。

(2)新材料技术

立足国家和我省重大需求和产业优势，加快部署战略性基础材料、高性能材料、特种新材料和前沿新材料的制备和产业化关键技术研发；加快新型金属材料、新型无机非金属材料、新型高分子材料、纤维材料、新型复合材料、新型功能材料领域的关键技术突破；确立我省在碳纤维、电子材料、先进陶瓷材料等领域的领先地位，发挥新材料在产业高端发展中的基础和先导作用。

新型金属材料。研究洁净钢、特种合金钢生产工艺，开发海工装备用钢、高速铁路用钢、核电用钢、油气采输用钢、模具钢等特种钢产品；研发特种合金粉末的真空冶炼和成分精确控制技术、高压水/雾化技术及高效能气雾化喷嘴等专有设备，突破高密度、高均匀性铁基粉末冶金制备技术；研究有色金属材料的高纯制备、合金成分精准设计、合金成分均一化控制技术，开发高性能铝合金、镁合金、钛合金、高档铜材及复合材料，适应航空航天、船舶、高档电器用材需求。

新型无机非金属材料。研究新型陶瓷关键原材料高效合成与批量制备技术，高性能复杂形状精密陶瓷部件近净尺寸低成本绿色快速成型技术；研究氧化铝基轻质金属陶瓷材料、高抗还原型介电陶瓷材料、高性能压电陶瓷及复合材料等功能陶瓷材料产业化制备技术研究；研究6～8英寸SiC单晶生长技术，基于SiC的大功率电力电子器件用薄膜材料与器件制备技术，基于SiC衬底的高质量氮化镓(GaN)射频器件、电子器件外延材料制备技术等；开展特种水泥材料、特种功能玻璃材料、耐火材料、超硬耐磨材料的高效制备及其应用技术研究。

新型高分子材料。重点研究5万吨/年甲苯二异氰酸酯(TDI)规模化生产技术，开发环保水性涂料及专用树脂、高性能聚氨酯弹性体等材料；研究含氟聚合物乳液、高端氟塑料树脂、含氟功能材料、新型氟橡胶、粉末氟涂料树脂、光固化氟涂料树脂等高端氟材料制备技术；开发燃料电池膜、反渗透膜、高透明膜、电缆护套料、锂电池隔膜及电解液、高强度氟纤维等材料及制品；加快研发高性能硅橡胶、聚氨酯环保胶、硅树脂、特种有机硅涂层材料、功能有机硅黏结剂等关键制备技术；重点发展超高分子量聚乙烯塑料、高性能聚酰胺工程塑料及聚丁二酸丁二醇酯(PBS)、淀粉基生物降解塑料、聚乳酸(PLA)等可降解材料。

高技术纤维材料。突破千吨级 T300 碳纤维低成本制造技术，T800、M40J 规模化生产技术，T1000、M55J 关键制备技术；研究国产高强、高模、高伸长对位芳纶的大规模化低成本制备技术；突破对位芳纶纤维与橡胶、酚醛等基体复合、芳纶与陶瓷复合等关键技术；突破聚对苯撑苯并二噁唑(PBO)纤维连续化聚合、超细液晶纺丝及连续高温热处理等工程化关键技术，实现 PBO 纤维工程化制备技术研究，形成百吨级稳定生产能力；研究氧化物、氮化物陶瓷纤维规模生产技术，纤维增强复合材料的制备技术；研究高强高模、耐碱、低介电常数等特性玻璃纤维的配方、拉丝工艺、浸润剂配方等技术，开发适合大同环境应用的高档玻璃纤维。

新型复合材料。突破树脂基复合材料的体系优选、结构仿真设计、产业化及配套装备等共性关键技术，突破新型超大规格、特殊结构材料的一体化、批量化制备工艺，突破在航空航天、新能源、高速列车、海洋工程、节能与新能源汽车、室内外建筑、防灾减灾等领域的应用技术。

新型功能材料。开展先进功能纳米材料技术，高品质混合液晶材料工程化技术，高性能激光、电光、非线性光学功能晶体材料及宽禁带半导体材料技术，高端生物医用材料技术，功能薄膜材料技术研究；开展石墨烯在电缆、橡胶、涂料、塑料、发动机油添加剂和污水处理滤材方面应用研究，开展海水淡化用氧化石墨烯薄膜材料技术研究，突破石墨烯与不同的基体材料分散关键技术所需的混合方法和加工设备及工艺，突破石墨烯在非金属材料应用中改性及加工的关键技术。

(3)新能源技术

立足我省对能源结构优化调整、能源安全、节能减排等方面的重大战略需求，研究新能源高效洁净转化、存储，新能源和可再生能源利用的相关理论，以清洁低碳能源为主攻方向，重点研究新能源转化、智能电网、洁净煤等关键核心技术，提高能源使用效率，为建设清洁低碳、安全高效的现代能源体系提供技术支撑。

新能源转化技术。重点研究太阳能光伏转换关键技术，太阳能工业热利用技术，高效中高温太阳能集热器及蓄热器技术，生物质高效气化技术，有机废弃物转化生物燃气技术，替代型生物质液体燃料技术，高效风电机组及核心部件技术，风电关键控制技术，海上风电机组，燃料动力电池关键技术，核电装备及核心部件技术。

智能电网技术。研究分布式发电、储能、智能微网、主动配电网关键技术，大受端电网的风、光、火、储电源统筹规划与运行决策技术，并行、分布式智能电网技术。

洁净煤技术。重点研究高效超临界燃煤发电技术，燃煤电站烟气污染排放控制技术，煤的气化、液化技术，水煤浆关键技术，工业锅炉高效煤粉燃烧技术。

(4)生物技术

紧跟国际生物技术发展前沿，加快建立高水平的生物技术研究开发体系，大力提升农业生物和生物制造领域的自主创新能力，推动我省实现由生物大省向生物强省跨越。

农业生物技术。重点研究主要农业动植物重要性状基因精细定位及克隆技术，精确基因组编辑技术，优良种质资源分子身份证技术，生物高效表达反应器创制技术，转基因生物安全评价与监测预警技术，生物农药、兽药及疫苗的创制技术，农产品防腐保鲜剂、生长调节剂及土壤调理剂研制与利用技术。

生物制造技术。重点研发微生物筛选与改造新技术，清洁高效生物制造技术,生物传感器技术,生物发酵与化学转化偶联的重要化合物生产技术,生物质基资源的生物炼制及利用技术,氨基酸、有机酸、淀粉糖高值衍生品制备技术,重大生物转化、催化技术以及高附加值专用酶制剂。

(5)高端智能装备制造技术

把握装备制造世界前沿技术和产业发展方向,立足我省良好的装备制造产业基础,加快发展智能机器人、智能制造综合集成、增材制造、绿色制造、典型行业高端装备制造等领域的关键技术;推动装备制造向柔性、智能、精细转变,提升我省高端智能装备制造的核心竞争力。

智能机器人技术。开展下一代机器人技术、移动作业机器人、智能公共服务机器人、智能机器人学习与认知、人机自然交互与协作共融等前沿技术研究,重点突破高精密减速器、高性能机器人专用伺服电机和驱动器、高速高性能控制器、传感器、末端执行器等核心部件关键技术;研发激光加工技术及设备、智能传感器技术、智能管控关键技术、智能工程机械。

智能制造综合集成技术。重点开展以工业物联网、工业大数据等为支撑的产品设计、柔性制造、高速高精制造、自动化和网络化制造等智能制造技术研究;研发基于信息物理系统(CPS)和工业物联网的制造执行系统和智慧工厂整体解决方案。

增材制造技术。开展高性能金属结构件激光增材制造控形控性技术研究,研发高效高精度激光增材制造熔覆喷头等核心部件,金属、非金属及生物等3D打印材料。

绿色制造技术。研究绿色产品评估及绿色设计技术,开发绿色产品设计决策支持系统,突破能效评估、碳效益综合评价等关键技术;研发绿色再制造关键工艺和技术,研制发动机、汽车零部件、工程机械、矿山机械等产品高效、清洁再制造工艺装备。

典型行业高端装备制造技术。突破高速列车等先进轨道交通装备的设计与制造技术,高端智能化数字化石油钻采及页岩油气装备技术;研发高精度、高速度、高可靠性高档数控机床和自动化生产线,开展高精度等离子切割设备、特种焊接装备研制。

2. 加强全省高新技术创新平台载体建设

围绕我省梳理的重点产业技术创新链条,强化项目、平台、人才一体化发展,充分整合各类创新资源,实现聚焦发力。统筹布局区域重大科技创新平台,加快培育技术创新中心和工程技术示范研究中心,支持发展协同创新平台和新型研发组织,加强开放共享的科技服务平台建设,全面支撑我省高新技术跨越发展。

(1)加强区域重大科技创新平台统筹布局建设

深入落实"两区一圈一带"区域发展战略,聚焦产业转型升级和区域创新发展,加快构建区域重大科技创新平台,进一步优化科技资源配置,培育区域创新发展新引擎,全面提升科技创新对区域经济社会发展的支撑能力。

在山东半岛蓝色经济区,重点支持烟台市建设海洋生物基新材料与药物、生命健康、海洋智能装备制造、卫星导航、检验检测试剂、海洋信息服务、军民融合微纳技术等方面的科技创新平台。支持威海市加快打造中韩科技合作先行区,重点建设先进复合和高分子材料、医疗器械、水产品精深加工、医用食品、极地渔业、现代船舶、军民科技融合、中韩自贸区知识产权项目服务等方面的科技创新平台;支持潍坊市重点建设海洋绿色化工、现代农业、动力总成、工业设计创新等方面的科技创新平台,完善提升蓝色智谷高端创新创业等创新平台功能;支持日照市重点建设钢铁产业升级、高端农机装备等方面的科技创新平台。

在黄河三角洲高效生态经济区,重点围绕现代农业、盐碱地改造、生物产业、高端石油装备、生物纺织等产业的创新发展,布局建设一批科技创新平台。支持东营市加快国家农业高新技术产业示范区建设,重点建设盐碱地控制及利用、现代农业与育种、一、二、三产业融合创新、陆地(海洋)油气装备、黄河三角洲生态体系、复杂资源清洁冶金等方面的科技创新平台;支持滨州市依托大型骨干企业和行业领军企业，重点建设高端铝业、新型化工、生物纺织、循环农业等方面的科技创新平台，打造全球高端汽车轮毂制造中心和汽车轻量化基地。

在省会城市群经济圈，重点围绕信息通信与软件、新医药及生物、新材料、智能制造、粉末冶金及制品等重点产业发展，布局建设一批科技创新平台。支持济南市重点建设数据科学、信息通信、知识产权交易和综合服务、科技成果转移转化等方面的科技创新平台；支持淄博市集中打造国内尖端水平、具有全球影响力的新材料研发中心和产业高地，重点建设陶瓷新材料、高分子材料、稀土材料等方面的科技创新平台；支持泰安市重点建设输变电设备、先进装备制造、非金属新材料等方面的科技创新平台；支持莱芜市重点建设科技成果转移转化、粉末冶金及制品、新能源汽车等方面的科技创新平台。

在西部经济隆起带，重点围绕现代农业、装备产业、医药产业、新材料产业、新能源产业等重点产业创新发展，布局建设一批科技创新平台；支持济宁市重点建设信息技术、创新设计、高端纺织、生物医药、技术产权交易等方面的科技创新平台；支持枣庄市重点建设锂电池产业创新、高端机床、煤化工等方面的科技创新平台；支持临沂市重点建设高端机械、中药产业创新、新型肥料等方面的科技创新平台；支持德州市重点建设生物炼制、体育装备、技术产权交易等方面的科技创新平台；支持聊城市重点建设胶类中药创新、新能源汽车技术转化应用、有色金属深加工、化工新材料、高端装备制造等方面的科技创新平台；支持菏泽市重点建设传统中药制剂、牡丹产业技术创新、高效生态农业等方面的科技创新平台，打造全国著名的生物医药基地。

(2)加快技术创新中心和工程技术研究中心培育建设

“十三五”期间，加快探索省级技术创新中心建设的机制和模式，围绕重点产业技术创新，进一步布局建设一批战略定位高端、组织运行开放、创新资源集聚、治理机构多元，能够对产业创新发展形成有效支撑的技术创新中心，为培育国家技术创新中心创造条件；鼓励现有工程技术研究中心根据自身研发基础和新兴产业发展需要，加强前沿导向和技术交叉融合，不断向技术创新链、产品产业链高端延伸，争创省级以上工程技术示范中心；进一步聚焦目标、突出重点，选择智能制造和机器人、高端装备、高端信息服务、量子通信、集成电路装备、高档数控机床、功能新材料、新能源技术与装备等重点发展领域再布局建设一批新的省级示范工程技术研究中心，并争取更多的省级创新平台升级为国家工程技术研究中心；支持法人制工程技术研究中心为主承担科技项目，牵头组建产业技术创新战略联盟，提高对整个行业或产业的辐射带动能力；完善工程技术研究中心两级动态管理和绩效考核机制，按领域选择 1/3 左右的中心进行绩效评估，形成以三年为周期的定期评估机制。

(3)支持发展协同创新平台和新型研发组织

加快建设协同创新组织载体。着力引进跨国公司研发中心、区域总部，支持省内企业并购、合资、参股国际研发企业或设立海外研发中心；有针对性地吸引国内知名高校、科研机构来我省建设各种类型的分支机构；支持骨干企业与优势科研院所、高等院校建立实质性产学研协同创新联合体、共建研发机构，联合开展应用研究；设立国防知识产权转移转化山东中心、国防科技成果转化基地，争取更多国家国防科研和产业化项目在我省落地，打造军民科技融合新优势。

创新推进产业技术创新战略联盟建设。围绕重点领域和重点产业发展，构建 100 个由行业龙头企业、科技型中小微企业、高校、科研院所、科技服务机构等广泛参与的产业技术创新战略联盟；支持行业龙头企业与科研院所、高校联合以产业技术创新战略联盟为纽带协同开展核心关键和产业共性技术攻关，共同承担重大科技攻关任务；完善产业技术创新战略联盟建设布局，鼓励成立跨行业、跨领域协同创新联盟；改革完善产业技术创新战略联盟形成和运行机制，深化产学研、上下中游、大中小企业的紧密合作，促进产业链和创新链的深度融合；推广西王集团和中国科学院合作模式，推动企业与高校、科研院所、科研人员以股权为纽带，建立长期稳定的合作关系。

培育发展新型研发组织，开展省级新型研发组织认定工作，围绕区域性、行业性重大技术需求；积极发展投资主体多元化、运行机制市场化、管理制度现代化、产学研紧密结合，以研发、技术服务、科技型企业孵化为主要业务的独立法人制新型研发组织，形成跨区域、跨行业的研发和服务网络；研究制定支持社会化新型研发机构发展的政策措施，促进新型研发机构加快发展。

(4)加强开放共享的科技服务平台建设

加强公共研发平台的对外开放，积极培育创新公共服务平台，按照成熟一个、发展一个的原则，对创新能力强、开放服务成效显著的创新公共服务平台给予支持；统筹推进技术服务平台建设；推动青岛海洋科学与技术国家实验室、黄河三角洲现代农业工程技术研究院(中心)等重大创新平台建设，积极纳入国家战略布局，为区域主导产业提供技术支撑；鼓励国家和省级重点实验室、工程(技术)研究中心、企业技术中心、质检中心(站)等各类创新平台建立现代法人治理结构，面向行业开展技术服务。

推进大型科学仪器设备的开放共享，进一步完善山东省大型科学仪器设备协作共用网平台建设，整合全省科学仪器设备资源，建立健全仪器设备开放共享服务激励、运行管理、绩效考核体系，形成大型科研仪器开放共享的长效机制；实施科技“创新券”政策，依托“山东省大型科学仪器设备协作共用网”，对中小微企业使用高等院校、科研院所以及其他企事业单位科学仪器设备进行检测、试验、分析等活动发生的费用，省级创新券按照西部经济隆起带60%、其他地区40%的比例给予补助，每年最高补助50万元；对提供服务量大、用户评价高、综合效益突出的供给方会员，给予服务总额10%～30%的后补助，每年最高补助200万元。

培育新型创新公共服务业态，实施科技创新品牌培育工程，重点培育100个服务模式创新、市场化水平高、自我发展能力强、服务成效显著的科技创新公共服务平台；鼓励社会资本建设第四方服务平台，探索服务供需对接模式，推动线上检验检测和标准化服务的发展；依托“互联网＋”搭建科技创新云服务平台，实现全省创新服务平台的互联互通；依托军转民、民参军骨干企业，创建军民融合科技创新平台，面向军民科技融合开展研发、技术咨询等综合服务，推进军民融合深度发展。

3. 加快提升高新技术企业创新能力

强化政策落实，引导鼓励企业加大研发投入，重点支持创新型企业，强化对科技型中小微企业的源头培育，完善高新技术企业培育体系，努力实现高新技术企业的倍增发展。

(1)大力培育创新型企业

深入对接国家“创新百强”工程，以省级以上创新型(试点)企业为重点，支持高新技术企业建立和完善有利于创新的体制机制，加快发展成为具有全球影响力的创新型领军企业；加大对创新型企业的重点支持，将高新技术企业、开展研发活动的规模以上工业企业作为科技创新资源配置的重点，在科技计划实施、科技创新平台建设、科技人才培养和引进中，将认定为高新技术企业或纳入统计部门企业研发投入统计名单或在税务部门享受研发费用加计扣除政策等作为必要条件；支持中小企业技术创新和改造升级，实施“小升高”培育计划，重点培育100家成长性好、掌握有自主知识产权核心技术、具有较强国内外行业竞争力、形成一定经济规模、成为行业细分领域“单项冠军”的明星科技型小微企业；建立科技型中小微企业后备库，完善遴选、培育、认定的推进机制，促进量大面广的科技型小微企业加速成长为高新技术企业，带动全省高新技术企业规模发展壮大。到2020年，我省力争培育高新技术企业达到8 000家左右。

(2)引导鼓励企业加大研发投入

鼓励企业加大研发投入，引导企业建立研发准备金制度，财政给予已建立研发准备金、研发投入持续增长的企业研发经费后补助;研发投入占销售收入比例达到3%以上的大型企业,按照研发投入新增部分的10%给予后补助;研发投入占销售收入比例达到5%以上的中小微企业,按照研发投入10%的比例给予后补助,补助经费最高1 000万元。全面落实企业研发费用税前加计扣除、高新技术企业税收优惠、省企业研发投入后补助政策、"小升高"高新技术培育补助政策、高新技术企业保险补贴政策等政策,加强对企业开展研发活动的激励和引导。力争到2020年,实现规模以上工业企业中开展研发活动的企业占比达到25%左右,规模以上工业企业R&D经费支出占主营业务收入的比重达到1.1%左右。

4.加强产业集聚发展创新载体建设

依托省级以上高新区和国家高新技术产业化基地、火炬特色产业基地,强化对全省创新型产业集群发展的规划和管理,重点支持有望培育新的发展方向、引领战略新兴产业发展的新兴产业集群,培育更多具有规模发展潜力、能够最大程度地发挥集聚效应的创新型产业集群。

(1)大力培育创新型产业集群

深入推进省级创新型产业集群试点工作,围绕战略性新兴产业发展和传统产业转型升级,重点培育100个创新型产业集群(基地),鼓励创新型产业集群的管理模式创新,培育一批集群中关联度高、主业突出、创新能力强、带动性强的重要骨干企业,提升产业集聚和抱团发展能力;鼓励骨干企业牵头组织技术创新战略联盟,以产业技术创新战略联盟为纽带,以关键核心技术研发和重大技术集成与应用示范为突破,以省级以上高新区和高新技术特色产业基地为载体,发挥集群骨干企业创新示范作用,促进大中小企业的分工协作,引导跨区域跨领域集群协同发展;改进创新型产业集群的支持模式,重点支持公共研发、检验检测、成果转移转化等服务平台建设,创新创业载体建设,产业共性技术研发,产业技术创新战略联盟发展等方面,形成与重大科技创新工程的互补定位。

在山东半岛蓝色经济区重点发展半导体发光、高端聚氨酯、电子信息、生物医药与医疗器械、新材料等集群；在黄河三角洲高效生态经济区重点发展高端石油装备、铜冶炼与铜材深加工、铝合金新材料、生物纺织、高效生态农业等集群；在省会城市群经济圈重点发展云计算、智能输配电、高端装备制造、高分子材料、先进陶瓷、矿山机械、钢铁新材料及复合新材料等集群；在西部隆起带重点发展生物技术与医药、新能源电动汽车、新型电子元器件及复合材料、高端装备制造等集群；在资源枯竭型城市，重点发展工程机械、数控加工装备制造、锂电等集群。到“十三五”末，我省力争培育产值过千亿元的创新型产业集群 20 个左右。

(2)打造特色鲜明的高技术产业化基地

以提升自主创新能力，加快高新技术产业化为目标，围绕战略性新兴产业培育和传统产业升级的需求，加快推进高新技术产业化基地建设，推动产学研结合和创新要素优化配置，吸收龙头企业、先进技术和产业领军人才进入基地，集聚关联企业，推动基地成为科技创新的前沿阵地、科技与经济结合的重要先行区，打造一批特色鲜明的高新技术产业化基地，形成高端产业创新集群；坚持创新驱动、深化改革，不断完善基地建设体制机制，创新政策扶持模式，打造现代高新技术产业体系，强化高新技术产业化基地集聚、辐射、带动作用，提高我省高新技术产业国际竞争力。

(3)重点培育国家火炬特色产业基地

立足各火炬基地的资源禀赋、产业基础，支持国家火炬计划特色产业基地加快产业升级，坚持对火炬特色产业基地实行高起点规划、高质量建设、差异化指导；探索管理规范化、布局合理化、产业特色化、竞争差异化的“四化”基地发展模式，实施产业升级路线图计划；促进传统产业转型升级为对区域产业具有引导和带动作用的特色集群，提高火炬基地自主创新能力和发展水平，提升基地的影响力和产业竞争力；着力完善科技创新和服务体系，加强创新资源优化配置，实现基地间协同创新发展，推动全省火炬基地形成错位发展、特色鲜明的产业发展新格局。

(4)完善各类创新基地的统筹布局

发挥国家高新技术产业化基地、火炬特色产业基地等产业化载体的辐射带动作用,加强各类基地之间的联动发展,推进高新技术产业持续健康发展;围绕战略性新兴产业发展和传统产业转型升级,以各类基地为载体,支持在高新技术重点领域开展省级创新型产业集群建设试点,鼓励和带动省内其他地区开展省级产业集群建设;加强各类基地和周边区域、城市的产业融合,积极推动优势产业通过技术转移、产业转移等向外延伸、扩散,强化对区域经济的辐射带动作用,提升区域整体产业发展水平,推动实现区域经济协调发展。

5. 健全完善全省科技服务业体系

围绕重点区域发展战略规划和区域产业特色,加快科技服务业的社会化、专业化、集群化、国际化发展,不断满足科技创新和高新技术产业发展需求,积极构建服务机构健全、产业链条完善、组织形式新颖、投入渠道多元、区域特色突出、布局科学合理的科技服务业体系。

(1)完善科技服务业体系

健全完善科技服务业组织体系。着力引进、培育研究开发、技术转移、检验检测认证、标准制定、创业孵化、科技咨询、科学技术普及等专业科技服务机构,培育和发展电子商务、技术交易、科技服务外包等新型科技服务业态,实现创新型产业集群与科技服务业产业集群的相互促进、共同发展;加大"创新券"政策实施力度,将省科技"创新券"补助范围,扩大到科技型中小微企业接受科技服务所产生的费用,试点"创新券"使用负面清单制度;支持科技企业孵化器按照"开放共享"的原则,搭建专业技术公共服务平台,为在孵企业提供设计、研发、试验、检测等专业技术服务。

推动科技服务业差异化发展。在山东半岛自主创新示范区,重点培育新型服务模式和服务业态,利用云计算、大数据、移动互联等信息技术搭建科技云服务平台,统筹各类科技服务资源,开展集成化科技服务，促进工业(产业)研究院、创业咖啡、创客平台等新型服务组织的集群化发展。在黄河三角洲高效生态经济区，重点支持农业品种权交易、农业技术信息化服务、农业物联网和大数据、农村电子商务等新型农业科技服务业态发展，促进农业科技服务机构的集群化发展。在西部经济隆起带，重点围绕物流、新能源电池、精细化工等特色产业，促进检验检测、创业孵化、知识产权等专业科技服务机构的集群化发展。

推进科技服务业试点示范。加快推进山东半岛国家自主创新示范区建设，推进示范区加快科技服务业发展先行先试，促进创新要素的有效整合、合理流动，努力打造成为科技体制改革的试验区和科技服务业发展的示范区；依托高新区、经济技术开发区和各类特色产业基地以及产业技术创新联盟，开展科技服务业区域示范和行业示范，为全省科技服务业发展提供样板。

(2)健全创新创业孵化体系

加强创新创业孵化载体建设。以激发创新创业活力、满足创新创业需求为导向，加强专业化、高水平的创新创业孵化载体建设；实施科技企业孵化器专业聚焦行动计划，积极推动科技企业孵化器专业化发展；优化专业科技企业孵化器规划布局，引导综合性科技企业孵化器向专业化过渡，推动龙头企业、高校、科研院所建立专业化科技企业孵化器；鼓励科技企业孵化器走出去，开拓国际业务，支持设立海外创新创业孵化器(基地)，吸引国际知名创新创业服务机构在山东设立分支机构，共建科技企业孵化器，进一步构建国际化创新创业孵化发展格局；加强科技企业孵化器高水平专业管理人才团队的引进、培育和使用。

创新“双创”孵化模式，按照“互联网＋创新创业”模式，通过政府购买服务、提供创业支持等方式，重点培育以创客空间、创业咖啡、网上创新工厂等为代表的创业孵化新业态，满足不同群体创业需要；构建创新创业服务生态圈，运用“互联网＋”手段，建立“孵化器＋”资源网络，最大限度地拓展服务能效；加强孵化服务集成创新，鼓励科技企业孵化器与生产力促进中心、技术转移、知识产权、科技情报、科技金融等科技服务机构融合组建孵化服务联盟，促进创新创业服务资源向科技企业孵化器聚集；提升创新创业孵化服务，优化金融服务，推动投资孵化融合发展；鼓励科技企业孵化器建立梯度投资体系，支持科技企业孵化器建设"线上＋线下"创业金融服务平台；加强创业导师队伍建设，引导科技企业孵化器拓展服务类型和内容，强化与第三方专业服务机构合作，应用共享、众包、众筹等新技术新概念，建立专业化、网络化、开放化的服务机制。

鼓励孵化器多元化建设。鼓励领军企业建设专业孵化器，加速孵化进程，吸引创新创业人才，培育产业后备力量，推进与产业链、技术链上的中小微企业、高校院所和各类创客群体有机结合，形成产业创新创业生态群落；支持高等院校在大学科技园内建立大学生见习基地、大学生创业苗圃，扶持大学生创新创业；支持孵化器与高等院校合作，通过异地孵化、网络孵化、虚拟孵化等线下与线上相结合的方式，由孵化器提供企业注册、财务管理、创业辅导、融资等创新创业服务，联建单位提供物理空间和物业服务，提升科技企业孵化器的整体孵化能力；创新体制机制，推动国有科技企业孵化器所有权和经营权分离，引入专业管理团队运营管理；鼓励科技企业孵化器融入龙头骨干企业、高校院所创新创业生态圈，形成资源共享、协同创新、联动发展新机制；成立全省孵化载体的协会（联盟）组织，促进全省孵化载体的交流合作和资源共享。

（四）保障措施

1. 强化统筹协调

建立由省科技主管部门牵头，各地、各部门统筹协同推进的工作推进机制。各地、各部门要依据本规划，结合自身实际，强化本地、本部门的高新技术领域发展工作部署，做好与本规划提出的发展思路和主要目标的衔接，加强重大事项的会商和协调，做好重大任务的分解和落实。各级科技管理部门要加强规划的宣传贯彻，做好协调服务和指导，调动和增强社会各方面参与的主动性和积极性。

2. 强化顶层设计

针对高新新技术领域和科技服务业，加强顶层设计，鼓励各地市编制发展规划，明确建设思路、战略目标、发展路径等内容；加快科技专家智库建设，完善专家智库参与科技创新决策咨询的机制；发挥专家智库作用，围绕“十三五”规划确定的重点领域和重点方向，加快梳理重大关键技术需求；组织开展专题研究，提高智库咨询服务水平，对高新技术产业发展开展专题研究；提升统筹优化高技术产业的工作力度，加快制定科技服务行业规范，建立科技服务业统计监测工作机制，大力促进科技服务业的健康发展。

3. 完善工作机制

建立与国税、地税和统计等部门的协同联动机制，强化信息共享，摸清全省规模以上工业企业、高新技术企业开展研发活动、落实研发费用加计扣除和高新技术企业税收优惠政策的情况；加强对政策的针对性解读和培训，提高企业政策知晓度和运用能力；建立各市高新技术企业培育、有关税收政策落实情况的定期通报机制，增强省市在高新技术企业培育方面的协同；加强科技型中小微企业信息库建设；建立高新技术企业和创新型产业集群发展统计制度，及时掌握发展情况，加强跟踪和培育。

4. 强化监测评估

实现对高新技术发展重点城市、重点行业、重点企业、重点产品的重点支持和及时调度；建立健全规划实施的监测评估制度和动态调整机制，开展规划中期评估和专项监测，对本规划实施情况进行动态监测与跟踪分析，为规划的动态调整和顺利实施提供依据。

二、山东省高新技术优势产业发展调研报告

2016年，根据省发改委工作部署，《山东省高新技术优势产业发展研究》课题组对全省高新技术企业、技术、产品进行了认真梳理，并向1600家高新技术企业发放了调查问卷，在分析总结优势、找准问题的基础上，提出了相关对策建议。

（一）我省高新技术产业的主要特色和优势

近年来，我省高新技术产业发展迅猛，2015年实现产值47 718.8亿元，同比增长10.5%，占规模以上工业企业比重达到32.5%，实现利润863.8亿元，同比增长9.7%。从区域竞争力看，我省拥有国家级高新区13个、国家高技术产业基地7个、火炬特色产业基地47个、科技企业孵化器55个，数量在全国均列前两位，形成了一大批集聚度高、影响力广、优势突出的产业集群。东营石油装备产业集群总产值占全国总量的1/3；德州功能糖产业集群产品国内市场占有率达70%，国际市场占有率为35%。从创新支撑看，我省国家高新技术企业3 903家，另有4 069家参与高新技术产品的研发制造。国家工程实验室、工程技术研究中心等各类国家级创新平台超过260家，其中国家企业技术中心166家，总量全国第一；全省科技活动人员约43万人，其中海洋科技人才占全国1/3以上。分析企业调查问卷可知，超过80%的高新技术企业近3年主营业务收入年均增长10%以上，研发投入占主营业务收入比重达到3.5%，成为驱动产业转型升级的重要力量。从技术和产品看，南车青岛四方

自主研发的CRH系列高速动车组是世界上商业运营速度最快、科技含量最高、系统匹配最优的动车组。浪潮“天梭K1”高端容错计算机项目、康平纳筒子纱数字化自动染色成套技术与装备获国家科技进步一等奖。烟台万华聚氨酯跻身全球前三强，浪潮服务器销量全球五强。

1. 电子设备及仪器仪表制造业

2015年，全省电子设备及仪器仪表制造企业超过2 000家，实现产值5 470亿元，同比增长10.02%。从调查企业看，近400家电子设备及仪器仪表制造企业，实现产值约1 200亿元，同比增长11.3%，研发投入超过100亿元，同比增长14%以上。其中，海尔年销售收入超过千亿元，大型家用电器零售量占全球市场的9.8%，连续7年蝉联全球第一；浪潮、海信等10家企业年销售收入超过百亿元。另外，服务器、平板电视、信息化软件等一批产品在国内具有较高的市场占有率，比如浪潮研发的企业资源规划软件(ERP)被国内20%的上市公司应用，歌尔声学股份有限公司在微型麦克风、蓝牙耳机、主动式3D眼镜领域市场占有率高居全球第一。

2. 生物及医药产业

2015年，医药产业产值突破4 000亿元，产业规模居全国第一位，生物医药、生物制造、生物育种等领域走在全国前列，拥有齐鲁制药、新华制药、威高集团、保龄宝公司、洁晶集团等一批骨干企业，高端医疗器械、人工器官、生物基材料、功能糖等产品在国内外具有较强的市场竞争力。从调查企业看，近200家生物及医药企业，实现产值约1 300亿元，同比增长11.6%，研发投入超过70亿元，同比增长13.8%以上。其中，齐鲁制药公司是全省规模最大的制药企业，是亚洲规模最大的头孢菌素原料药生产企业，重组人粒细胞集落刺激因子等产品全国产销第一；福瑞达公司眼科用药国内市场占有率超过20%，透明质酸国内市场占有率超过60%；步长制药公司自主研发的丹红注射液销售额突破50亿元，获国内中医药单品销售之冠。

3. 高端装备制造产业

2015 年实现主营业务收入 11 002 亿元，实现利税 1 104 亿元。拥有高端装备制造企业 2 600 家，占全省装备制造业比重约为 23%，占全国高端装备制造业比重达到 13%，列江苏之后居全国第二位；拥有国家企业技术中心 28 家，约占全省的 17%。从调查企业看，近 500 家高端装备制造企业，实现产值约 2 000 亿元，同比增长 18%以上，拥有中集来福士、杰瑞、常林、济南二机床等行业龙头企业。华鲁锻压大型数控船用卷板机世界最大，取代进口；常林集团突破液压件国产化的技术瓶颈，其研发的大型农业机械用汽车变速器(CVT)混合动力无级变速箱达到世界先进水平；潍柴动力的重型发动机、变速箱和火花塞销量居全球第一位，法拉帝豪华游艇是位列全球第一的品牌，凯傲叉车销量居全球第二位。

4. 新材料制造业

2015 年主营业务收入 1.41 万亿元，占材料产业比重超过 30%，居全国前列。目前，我省新材料企业超过 1 400 家，其中高新技术企业 871 个，占全省高新技术企业总数的 27.7%，从调查企业看，近 400 家新材料制造企业，实现产值约 2 500 亿元，同比增长约 9.5%。高性能纤维、高分子材料、特种金属材料、功能陶瓷材料等产品优势突出，聚氨酯、氟材料、工程塑料、玻璃纤维、轻质高强合金等 6 条产业链特色鲜明。烟台万华、淄博东岳、南山铝业、泰山玻纤、魏桥集团等一批骨干企业行业地位举足轻重。其中，烟台万华成功突破了“二苯基甲烷二异氰酸酯(MDI)制造技术”，MDI 产能规模全球第一；丛林集团轨道交通车辆车体材料国内市场占有率达 70%以上；泰山玻纤为全球五大玻璃纤维制造企业之一；东岳集团现为亚洲规模最大的氟硅材料生产基地；威海拓展纤维有限公司建成国内第一条 GQ3522 千吨级产业化生产线，突破 GQ4522 碳纤维核心技术，实现了工业化生产；泰和公司两次荣获国家科技进步二等奖，成为我国化纤行业参与全球高技术竞争的标杆企业。

5. 新能源及节能环保制造业

我省在太阳能热利用、光伏发电、风电、生物质能源、核电利用、节能环保等领域优势突出。太阳能产品国内市场占有率达到40%；光伏产业拥有转换效率世界领先的30MW薄膜太阳能电池生产线；目前我省节能环保企业已达2 600多家，规模以上企业年实现增加值超过1 000亿元。20家省级节能环保产业基地、100家节能环保产业示范企业示范带动作用明显，循环经济发展走在全国前列。从调查企业看，近100家新能源及节能环保企业，实现产值超过200亿元，同比增长16.3%。太阳能集热管、风电主轴、压滤机和压滤机配件及配套设备、地源热泵等主导产品市场占有率高。威斯特、通裕重工、皇明、威能、景津、圣泉等引领行业创新，其中，聊城中通客车研发制造的纯电动客车引领客车市场变革，成为国内节能与新能源客车的领导品牌。时风集团电动车冲压、焊装、涂装、总装水平居全国同行业前列，建成了全国最大电动汽车产业园。威能环保电源有限公司锂离子电池产量及综合实力居省内首位，成为国内重要的动力锂电池生产企业。

（二）当前存在的突出问题

1. 高新技术对经济转型支撑不够

一是比重仍偏小。高新技术产业总值占规模以上工业企业的比重为32.5%，较江苏、浙江分别低13个、12个百分点。二是企业数量偏少。我省高新技术企业为0.39万家，远少于广东省1.11万家、江苏省1万家和浙江省0.79万家；高新技术企业占规模以上企业比重为10%，同样低于广东、江苏和浙江三省。三是规模不大。虽然统计口径不尽相同，但2015年我省规模以上高新技术企业产值约4.8万亿元，低于江苏省的6.1万亿元和广东省的5.3万亿元。

2. 税收优惠政策落实不到位

统计部门数据显示，我省高新技术企业减免税占全省税收减免比重的7.08%，比江苏、浙江、广东分别低9.18个、4.13个、10.90个百分点。高新技术企业按规定应享受减按15%税收优惠和研发费用按150%加计扣除等政策，从企业反馈情况来看，青岛、潍坊、聊城等地分别有40%、78%、76%的高新技术企业还没有享受到税收优惠政策。

3. 企业研发投入强度不大

当前经济下行压力大，部分企业自身难以独立承担较高的研发成本，银行和风投机构也因各种原因不愿放贷，形成了“企业想创新、愿投入、却因融资难导致投入低”的困境。据调研统计，有融资困难的高新技术企业约占全部企业的62%。此外，相对于经济规模来讲，我省财政资金在研发环节尤其是中试环节投入不够，很多企业发出呼声希望增加对研发环节的支持力度，齐鲁制药公司提出“原料药和制剂研发环节资金投入大、风险高、成果产出率低，希望获得更多的政府资金支持”的呼声。

4. 高层次人才和技术人才依然不足

人才是高新技术产业发展的重要支撑，人才不足也是制约发展的最大瓶颈，总体看新材料、生物医药等产业急需高层次创新人才及团队，电子信息、装备制造等产业更需要大量的专业技术人才。统计局数据显示，目前我省高新技术产业中领军人才和高技能人才缺口分别达2.5万人、18.3万人。在调研的1 600家企业中，78%左右的企业反映缺少高端领军型人才，63%的企业反映缺少技术人才。

5. 部分关键装备和核心技术自主化不高

从外因看，由于企业创新能力不足，许多关键装备和核心技术仍掌握在发达国家手中，很多关键的成套设备及核心技术依赖进口。比如海洋工程核心配套设备进口率高达95%，90%的芯片和80%的高端医疗器械依赖进口或外资品牌，发动机、液压、传动和控制技术等关键零部件上自主核心技术不足，也需大量进口，严重制约产业发展。从内因看，由于我省产业自主创新能力不强，科技成果转化能力不强、水平不高，导致科技成果不能及时转化为现实生产力，这也是关键装备和核心技术自主化不高的重要原因。

（三）对策建议

加快我省高新技术产业的发展需要站在创新驱动发展、产业转型升级、供给侧结构改革的高度，强化政策推动、技术带动作用，引导创新资源向企业全面集聚，加快提升自主创新能力，培育壮大优势产业。

1. 着力优化发展环境

一是强化顶层设计。抓紧研究制定《山东省战略性新兴产业“十三五”规划》，科学确定重点发展领域和发展方向，进一步明确政策措施，为战略性新兴产业有序发展创造良好环境。二是落实税收优惠政策。制定我省税收减免优惠政策操作指南，减少企业制度性交易成本，切实落实好企业技术开发费加计抵扣、高新技术企业所得税优惠、孵化器税收减免、加速折旧和进口仪器设备免征关税等一系列税收优惠政策。三是实施政府采购激励。在修订政府采购目录时，增加自主创新产品的比重，引导鼓励政府部门、企事业单位优先采购省内企业自主创新产品，充分发挥好政府采购对创新的激励作用。四是加强知识产权保护运营。完善行政执法和司法保护“两条途径，相融互补，有机衔接”的保护模式，加大专利侵权假冒行为的打击力度；建设好山东省知识产权“一站式”综合服务平台和山东省知识产权交易中心，打造知识产权运营区域中心。

2. 着力加大资金投入

一是扩大产业专项基金规模。在现有高新技术产业投资基金基础上，围绕软件与信息技术服务业、蛋白疫苗类研发生产、海洋工程装备、新型功能材料等优势领域，研究设立更多细分领域专项基金，撬动社会资本投入。二是鼓励企业建立研发准备金。借鉴广东、重庆等省市先进经验，研究制定财政支持企业建立研发准备金的有关意见，可按企业规模由财政对企业研发投入给予5%～10%的奖励，用于支持企业开展后续技术创新活动。三是完善风险投资机制。扩大科技担保公司和中小型企业担保公司业务范围，开展知识产权质押贷款，股权质押贷款等贷款业务；支持金融机构开发符合科技成果转化特点的信贷品种和保险品种，为科技成果转化提供信贷和保险服务。四是推进科技保险试点。鼓励我省担保公司、再担保公司为高新技术产业融资提供担保服务，完善高新技术产业贷款的风险分散和化解机制。

3. 着力推动产业集聚

一是建设完善示范基地。集中精力推动现有7个国家级高技术产业示范基地、3个国家级战略性新兴产业示范基地试点以及10个省级战略性新兴产业示范基地建设，发挥集聚区创新协同整合、产业引领示范作用。二是提升区域核心竞争力。推动建设一批省级区域创新中心，促进区域创新政策、资金、人才等资源整合共享，打造新能源、信息技术、新材料等各具特色的创新谷，提升优势产业区域核心竞争力。三是研究个性化支持政策。选择一批拥有自主知识产权核心技术和具有自主品牌、主业突出、核心竞争力强的龙头企业(集团)，实施“一企一策，一事一议”，进一步拉长、拓宽、延伸产业链，带动上下游配套企业集聚发展。四是加快培育企业实体。探索实施“企业成长路线图计划”，依托高新区、经济开发区等各类园区，结合产业优势和特色，认真选择一批新一代信息技术、现代装备制造、新材料、生物技术、新能源等领域的高新技术成长型企业，聚焦政策，大力孵化培育。

4. 着力完善创新体系

一是提高企业创新能力。组织实施山东省企业创新百强，支持浪潮、万华等重点企业进入全国企业创新百强，构建技术创新、组织创新、管理创新到商业模式创新的生态圈。二是建设高水平创新平台。每年争取新增30家左右国家工程实验室，企业技术中心、重点实验室、工程技术研究中心等国家级创新平台，围绕高新技术产业重点领域，布局建设300家左右省级创新平台。三是完善创新创业服务平台。研究实施省级创新创业公共服务平台建设计划，在全省布局建设一批创新资源配置优、联合创新能力强、开放服务水平高的科技创新公共服务平台，为创新创业者提供工业设计、检验检测、专利标准、成果转化、产品推广等研发制造服务。四是推动创新资源开放共享。实施创新资源开放共享行动，探索将“创新券”适用范围扩大到 20 个省级以上高新区、30 个高新技术产业基地，支持企业、高校、科研院所向社会开放研发设施；搭建“互联网＋”科技创新云服务平台，鼓励探索开展面向中小微高新技术企业的创新服务。

5. 着力强化人才支撑

一是加快人才引进。落实高层次人才绿色通道有关政策，加大国家海外引才特殊计划、“泰山学者”等高层次人才引进力度。二是激发人才活力。推动省科学院、齐鲁工大等“三权”下放试点单位制定具体实施意见，并逐步在全省推开，使科研人员真正享受到科技成果转化 70％～95％的收益。三是发挥智库作用。发挥高校、科研院所、大企业技术和实践优势，组建战略性新兴产业专家咨询委员会、“互联网＋”产业专家咨询委员会、大数据产业专家咨询委员会，为高新技术产业快速发展提供智力保障。

三、加快推动山东省产业集群向创新集群跨越的建议

当前，集聚创新正成为继企业独立自主创新、产学研联合创新后的新形式和新趋势，随着我国创新驱动发展战略的深入实施，创新集群化将逐渐取代产业集群化，成为未来我国实施创新驱动发展战略、加快创新型国家建设的重要载体和有力抓手。2017 年，《山东省创新集群发展研究》课题组针对我省创新集群发展情况进行了专题研究，提出我省加快推动产业集群化向创新集群化跨越发展，打造创新共同体支撑我省创新发展的建议，具体报告如下：

（一）创新集群是创新驱动发展战略的新特征、新趋势

产业集群是指在特定区域中，具有竞争合作关系、交互关联性的众多企业、专业化供应商、服务供应商、金融机构、相关厂商及其他机构等组成的空间积聚群体。产业集群由于资源集聚效应、竞争与合作效应、空间交易成本节约等优势，对于提升产业竞争力、增强区域经济发展水平具有重要推动作用。但随着全球科技革命和产业变革加速推进，在创新驱动发展的新常态下产业集群的一些不足已经开始显现。如产业集群整体升级创新动能不够、产业创新资源重复性配置严重、产业高层次人才引进困难等，在一定程度上满足不了当前我国深入实施创新驱动发展战略和建设创新型国家的任务需求，急需加快推动从产业集群到创新集群跨越的转变。

创新集群是众多不断产生新知识、新技术、新产品和新服务的

创新型组织在地理空间上集中或在技术经济空间中集聚并且与外界形成有效互动网络的创新生态组织形态。其实质上是以研发源头为核心，科研院所、企业、服务机构协同创新互促发展，通过融合贯通技术链、创新链和产业链，不断促进新企业孵化、新成果转化和新业态集群化的“创新共同体”。往往表现为在若干产业技术领域，依托若干新型研发组织载体，建成国内外知名的产业技术创新中心，形成汇集了产、学、研、用各方资源的协同创新网络，拥有了支撑若干产业集群创新集聚发展的产业创新生态力量，成为区域经济社会发展的创新新高地。创新集群作为新形势下实施创新驱动发展战略的新抓手、新载体，具有不同于产业集群的新特征、新内涵。

1. 创新集群的发展基础是承载各类研发组织的创新创业型区域

硅谷作为创新集群的典型代表，除了拥有斯坦福大学、加州大学伯克利分校等著名研究型大学外，还有很多由大学和科研机构人员直接投资兴办的研究机构和技术研发型企业。据估计，在硅谷由斯坦福的教师和学生创办的公司达 1 200 多家，占硅谷企业的 60%～70%，硅谷近一半的销售收入来自斯坦福大学的衍生公司。德国鲁尔区是欧洲大学密度最大的工业区，全区有 20 个技术中心，而且除专门的科研机构外，每个大学都设有“技术转化中心”，形成了一个从技术到市场应用的完整体系，推动鲁尔区创新集群的发展壮大。日本创新集群发展的基本经验是“选择对的区域、对的知识和对的产业”，其以知识集群概念为核心设计的政策突出高校和科研院所的地位，打破了产业集群把高校和科研院所作为外在变量的局限，为创新集群发展提供了源动力。

2. 创新集群的发展动力源头是集聚联结研发机构、企业、中介服务组织等创新资源的“创新共同体”

光启研究院作为深圳著名的新型研发组织，在全世界范围内以投资控股的方式整合创新力量，构建多领域的思想、技术、资源共享平台，实现联合攻克技术难关，形成从技术到市场完整的解决方案，打造全球创新共同体。目前，光启全球创新共同体的成员单位遍及

12 个国家和地区，人数超过 1 400 人，形成了一个涉及未来城市多个研究领域的创新生态系统。硅谷创新集群的快速发展离不开健全的中介服务体系，硅谷的中介服务机构广泛涉及人力资源、技术转让、会计、税务、法律服务、咨询服务、猎头公司物业管理等各个方面。此外，硅谷还吸引了全美国约 35%的风险资本，著名的英特尔公司、罗姆公司、苹果公司等都是靠风险投资发展起来的。

3. 创新集群的发展主线是打造从科技研发到成果转移转化、企业孵化至产业集群化发展的全链条

作为创新集群中的典型个体，我国西北有色院探索出一条“科研、中试、产业三位一体大型科技集团”的全链条发展模式，以年均 30%的增速实现了快速发展，现已拥有 15 个研究所和研究中心，发展形成包括 2 个上市公司在内的大小子孙公司 29 个，并建成我国最大的稀有金属新材料产业园区。2015 年年末，全院综合收入 94.27 亿元，实现年增长 23.5%，较转制时增长了 50 倍，持续居全国转制院所前十位、全国有色行业院所首位。中科院重庆绿色智能研究院以市场需求牵引科研，以科研推动产业发展，加速孵化培育产业化苗子，形成了一批石墨烯制备、人脸识别等具有重要影响力的产业化成果，目前持股公司 20 家，吸引社会投资 12.15 亿元，重庆研究院占股 2.86 亿元。

4. 创新集群的发展特色主要体现在新型研发组织、产业技术创新中心和创新型产业集群

江苏省产业技术研究院在新材料、生物技术与新医药、节能环保等产业领域建立了 29 家专业研究所和 6 家产业技术创新中心，引进新型研发机构近 120 家，高层次人才近 1 500 人，创投资金总额约 300 亿元，实现重大产业技术创新项目 20 余项，技术成果转移转化千余项，累计衍生或孵化科技型企业 200 多家，注册资本超过 16 亿元，发展形成以“总院＋专业研究所”为组织构架特点的创新集团。西安光机所走出一条依托国有科研院所、加快科技成果转化、打造高新技术产业集群的新路子。截至目前，光机所已成功孵化培育 81

家高科技企业，累计实现产值12亿元，累计纳税7 000多万元，新增就业3 500多人。广东深圳市，通过集聚大量的中科院、清华大学、华中科技大学等我国著名高校院所科研力量，逐步形成了以华为、中兴、腾讯等为领军的新信息产业创新集群。

（二）我省创新集群发展还处于刚刚起步阶段

1. 我省发展创新集群具备了一定的基础条件和优势

（1）研发主体力量不断扩大

全省高新技术企业数量加快增长，2015年规模以上高新技术企业实现产值4.77万亿元，占规模以上工业企业总产值的比重达到32.51%，全省高新技术企业数量从“十一五”末的2 100多家发展到“十二五”末的3 903家。科技创新平台建设取得突破发展，青岛海洋科学与技术国家实验室获批并正式启用。国家工程技术研究中心和企业国家重点实验室分别达到36家和17家，数量居全国前列；省级重点实验室和省级示范工程技术研究中心分别达到244家和266家，成为全省创新能力提升的重要支撑。新型研发机构发展迅速，一批与国内外著名高校院所紧密合作的研发机构落地山东。全省创新创业孵化体系不断完善，各级各类科技企业孵化器总数达到180多家，备案省级众创空间131家。科技成果转化体系发展加快，建成省科技成果转化服务平台，会员单位发展到了1 800多家。

（2）战略性新兴产业发展良好

目前我省已在新材料产业、新一代信息技术产业、生物质综合利用产业、高端装备产业、海洋开发产业等领域形成了特色优势：①新一代信息技术产业。拥有浪潮集团、中创软件、山东神思等龙头企业80多家，成立了信息技术产业联盟、技术创新战略联盟等行业组织机构，产业规模居全国前列。②海洋开发产业。聚集了中集来福士、京鲁船业、杰瑞石油等规模以上企业70多家，形成了以海洋钻井平台、特种船舶、海上油田服务装备制造为特色的海洋高端装备制造业体系。③生物质综合利用产业。聚集了济南圣泉、龙力、保龄宝、福田等一批龙头企业，形成了创新能力较强、产业规模较大、循环经济效益显著的生物质综合利用高技术产业链。④新材料产业。具有良好的发展基础，高技术陶瓷、特种纤维、高分子材料等领域的研发及产业化在国内居优势地位。⑤高端装备制造产业。拥有科瑞、胜机、孚瑞特等企业为代表的大型成套石油装备产业，东营市是全国最大的石油装备制造业基地，总产值占全国石油装备制造业的1/3。石油济柴大功率油田钻探动力用柴油发动机和天然气发动机稳居国内市场份额第一位。

(3)创新型产业集群规模优势凸显

2015年，我省出台《关于加快推动创新型产业集群发展的意见》，提出了统筹集群的科学布局、突破制约集群发展的技术瓶颈、发挥骨干企业在集群发展中的核心作用、培育集群持续发展的后备力量、推动创新要素向集群集聚等五大工作重点，力争到“十三五”末，产值过千亿元集群达到20个。截至2015年，青岛数字家电、淄博新材料、东营石油装备、潍坊交通装备、济宁清洁能源5个创新型产业集群产值达到千亿元规模，并形成了淄博新型功能陶瓷材料产业集群、临沂高端液压系统产业集群、烟台合成树脂及工程塑料产业集群、滨州轻质高强合金新材料产业集群、济南新一代信息技术产业集群、威海生物医学工程产业集群、菏泽中药现代化产业集群、德州生物质综合利用产业集群、海洋动力与工程装备产业集群等具有代表性的特色产业集群。

(4)创新集群发展支撑载体建设不断突破

山东工业技术研究院是全国第一个采用基金筛选项目的产学研结合体，主要打造技术转移、技术集聚、技术引领三大平台功能，采取“一院两基地多园区”模式，联合国内外高校院所及企业优势力量，整合技术、人才、资金资源，开展研究开发、技术辐射、成果转化、国际合作、企业孵化等工作，加速高端技术创新成果转化，引领创新集群发展。山东大学淄博生物医药研究院是三方共建的“新药研发—成果转化—技术服务—人才培养—交流合作”五位一体实体性研发服务机构，以公共技术平台为支撑，以项目为核心，通过有针对性地研发、转化、孵化一批项目和公共技术服务，建立起完善的生物医药“研发技术链”与“成果转化链”。歌尔股份有限公司在潍坊、北京、青岛、深圳、上海、南京、台湾、日本、韩国、丹麦、瑞典、美国等地分别设立研发中心，构建了“六国十二地”的全球化研发布局。在省内建设百亿元规模的半导体产业基地，填补我省在高端半导体领域的空白；围绕实现智能可穿戴设备的精密制造，打造百亿元级规模的智能可穿戴产品产业基地，在省内建成虚拟现实产业集群、智能硬件产业集群。

2. 我省发展创新集群还存在一些问题和制约

(1)我省创新集群发展缺乏科学的宏观规划引导

目前，我省对创新集群的认识大多基于区域或产业的角度，工作重点主要体现在产业集群、产业集聚区、区域创新中心和产业技术创新战略联盟等几个方面，而不是从创新功能的视角来规划部署以研发组织为引擎、以创新共同体为主体、以打造创新链为路径的创新集团或创新集群。随着创新驱动发展战略的深入实施，产业集群、产业联盟等存在的一些问题和弊端开始显现，产业集群自我良性发展的机制还不健全，同质化竞争问题依然存在，尚未形成创新合力，缺乏向产业链高端跃升的能力；产业联盟存在盟内发展理念不统一、各自为战、互不合作的现象，有些联盟理事长单位综合协调职能发挥不理想，不主动、不积极，甚至不作为的现象较突出；等等。为此，我省急需加快工作思路和重点由产业集群向创新集群转变，出台加快创新集群发展的意见，加强对创新集群发展的规划引导。

(2)我省新型研发机构培育和作用发挥不够

研发机构作为创新集群的核心引擎至关重要。广东省出台了《关于支持新型研发机构发展的试行办法》，通过财政税收优惠政策、科技成果转化政策和专门的新型研发机构省级财政科技专项等方式给予大力支持，2015 年共认定新型研发机构 124 家。江苏省出台“新政策 40 条”，对于新型研发机构最高给予 1 亿元的财政支持，

2015年新型研发机构数量规模达200家左右;出台《关于支持江苏省产业技术研究院改革发展若干政策措施》,从科技成果权益、科技成果转移转化、财政专项资金、专项服务、科技金融支持、科技人员管理和税收优惠等多方面给予重点支持。与广东、江苏相比,我省新型研发机构发展还存在一定差距,亟待出台专门的支持新型研发机构发展的政策文件,加快培育壮大,在打造创新集群发展引擎上实现新的跨越。

(3)我省创新集群发展环境还需要进一步改善

目前,我省重大平台布局建设仍显滞后,产业创新集聚不强。科技服务业体系不健全,科技中介服务机构大部分存在服务功能单一、服务水平较低的问题,权威的科技成果价值评估、投融资咨询、信用评价等机构等严重缺乏。高技术产业化政策仍需优化等问题依然存在,中小企业普遍认为有些政策门槛太高。有些政策缺乏明确的操作细则和配套措施,难以贯彻实施。制约创新集群发展的深层次体制机制阻碍依然存在,协同创新不够深入,成果转化渠道不畅,科技成果转化率不高,高校、科研院所科技成果真正实现转化与产业化的还不到10%,远低于发达国家40%的水平。科技人员创新积极性还没有被充分调动和激发,科研评价依然存在"重研发,轻转化""重基础,轻应用""重论文,轻专利"等方面的问题,创新发展环境和文化氛围还需要进一步加以改善。

(三)加快我省创新集群发展的对策建议

1.加强创新集群发展的规划布局

一是出台促进创新集群加快发展的意见。加强对创新集群发展的系统研究,加快工作思路由产业集群向创新集群的转变,工作重点和规划部署要突出创新集群的地位,逐步用创新集群替代产业集群。具体工作思路是:紧抓世界新科技革命和产业变革的历史机遇,全面深化科技体制改革,加大创新驱动发展战略实施力度;以研发组织为核心引擎,以集聚创新资源发挥协同效应的创新共同体为主体，以贯通融合创新链和产业链为路径，打造创新生态圈，努力构建科技成果不断涌现和转化；创新型企业不断孵化，创新集团和创新型产业集群不断壮大的发展格局，为创新型省份和经济文化强省建设提供有力支撑。

二是加强创新集群发展的规划布局。围绕全省区域发展战略，统筹规划，科学布局，实现创新集群错位发展。在山东半岛蓝色经济区重点支持半导体发光、高端聚氨酯、海洋生物技术与医药等创新集群；在黄河三角洲高效生态经济区重点支持高端石油装备、铜冶炼与铜材深加工、高效生态农业等集群；在省会城市群经济圈重点支持云计算、智能输配电、高分子材料、先进陶瓷、矿山机械、钢铁新材料等集群；在西部隆起带重点支持生物技术与医药、新能源电动汽车、复合材料等集群；在资源枯竭型城市，重点支持工程机械、数控加工装备制造、锂电等集群。

三是实施创新集群试点示范工程。选择一批自主研发能力强、孵化创新型企业多、带动产业集群发展成效显著、体制机制模式有创新的龙头企业、研发组织或创新平台，开展创新集群试点示范，充分发挥创新集团的示范引领作用，通过模式复制和经验推广，进一步推动创新集群的发展壮大。力争到 2020 年，重点培育和认定省级创新集群示范单位 100 家。

2. 加快科研机构的转型升级和培育

一是加快发展新型研发机构。出台支持新型研发机构发展的意见或办法，开展省级新型研发机构认定工作；围绕区域性、行业性重大技术需求，积极发展投资主体多元化、运行机制市场化、管理制度现代化、产学研紧密结合，以研发、技术服务、科技型企业孵化为主要业务的独立法人制新型研发机构，形成跨区域跨行业的研发和服务网络；研究制定支持社会化新型研发机构发展的政策措施，促进新型研发机构加快发展。力争到 2020 年，重点培育和认定新型研发机构 200 家。

二是改造提升传统研发机构。围绕建设现代科研院所、服务创新集群发展的目标定位，支持科研院所根据世界科技发展态势和我省创新发展重大需求；加强共性、公益、可持续发展相关研究，增强在基础前沿和行业共性关键技术研发中的骨干引领作用，促进科技成果落地转化为现实生产力和经济产业效益；学习借鉴江苏、广东、西安等先行省市的经验做法，深化科研院所体制与机制改革，探索“科研院所＋产业”发展模式，打造一大批“科研、中试、产业”三位一体发展的大型科技集团。

3. 完善创新集群的政策扶持措施

一是设立创新集群专项资金。借鉴江苏省经验做法，设立专项资金支持省级创新集群试点单位实施产业重大原创性技术创新项目、引进高层次人才、提升产业创新服务能力等；专项资金可用于支持创新集群试点单位支付市场化聘用的人才基本薪酬、对外购买服务和技术创新成果、开展国际科技合作等；创新财政资金支持模式，通过新兴产业创投基金、政府购买服务、贴息补助、担保费补贴等方式，引导金融机构和各类主体加大投入，支持成果加快转化和产业化。

二是鼓励企业加大研发投入。引导企业建立研发准备金制度，财政给予已建立研发准备金、研发投入持续增长的企业研发经费后补助；全面落实企业研发费用税前加计扣除、高新技术企业税收优惠、省企业研发投入后补助、“小升高”高新技术培育补助、高新技术企业保险补贴等政策，加强对企业开展研发活动的激励和引导。

三是加强科技成果转化激励。赋予高校院所更大自主权，将职务科技成果处置权完全下放至高校院所，转化收益全部归单位所有；鼓励高校院所开展股权、期权激励改革，完善职务发明法定收益分配制度，提高转化收益分配比例，落实在科技成果转移转化中做出重要贡献的科技人员的股权、期权和分红，责任免除、离岗创业、职称评定与人才聘任等激励政策；允许高校和科研院所提取不低于10％的成果转化收益用于机构绩效奖励。

4. 增强创新人才队伍和团队建设

一是聚焦创新集群发展的基础科研、成果转化、产业化集群化等重点环节，引进培养高层次科技人才队伍。面向未来发展加强基础研究，引进培养一批能够把握世界科技大势、研判科技发展方向的战略科技人才，抢占源头创新先机，支撑可持续发展；瞄准经济转型升级，加强应用技术研究，引进培养一批善于凝聚力量、统筹协调的科技领军人才，占据产业发展制高点；围绕高效组织创新，突出企业主体作用，加快培育一批着眼长远、勇于创新、善于创新的企业家，面向全球配置创新资源，创造新的竞争优势。

二是依托我省产业优势，实施高水平团队建设计划。围绕我省未来创新方向、优先发展领域、重点学科，以科技领军人才为核心，组建结构合理、素质互补、学科交叉、资源共享的科研创新团队；放大我省产业技术优势，鼓励企业如浪潮集团依托其电子信息技术优势和平台优势，整合建立世界一流的信息产业技术研究院，聚集世界一流专业人才；拓展人才科研优势，支持高校、科研院所如中科院黄海所联合企业组建产业技术研究院，将海洋方面高端科研成果转化为海洋产业优势；瞄准提升传统优势产业、发展战略性新兴产业实施专门引才育才计划，构建高层次科技人才团队，支撑产业创新发展。

三是加强对外开放交流，整合配置国际高层次科技人才。积极融入全球创新网络，支持有条件的企业建设海外研发机构和海外人才离岸创新创业基地；支持有条件企业瞄准先进技术开展国际并购；鼓励省科学院、农科院、医科院等科研院所和高新技术企业依托项目和平台吸引高层次外国专家开展联合创新，打造创新集群知名品牌。

四、关于山东省中小企业创新能力提升的调研报告

为深入把握我省中小企业创新发展情况，加快提升我省中小企业自主创新能力，2017 年省经信委科技处联合省科技发展战略所，就我省中小企业创新能力提升问题开展专题调研，调度了济南、淄博、潍坊、威海、德州、临沂、济宁、日照、枣庄 9 市相关情况，经过总结分析，形成如下调研报告：

（一）基本情况

全省各市十分重视中小企业创新能力提升，不断加大创新投入，优化创新环境，聚集创新要素，完善区域创新体系，取得显著成效。

1. 创新政策保障不断增强

一是出台系列新政策。济南市出台了《发挥省会优势打造创新创业高地的若干政策》（即济南科技十一条），修订发布了《济南市实施创新驱动发展战略加快创建国家创新型城市若干政策》，“十二五”期间兑现创新型城市奖励专项资金 1.49 亿元。潍坊市综合运用股权投资、贷款贴息、奖励补贴、风险担保等多种方式，重点支持战略性新兴产业培育、企业转型升级，2015 年兑现奖励扶持资金 1 000余万元。二是加强政策贯彻落地。济南市“十二五”期间累计共有 962 家高新技术企业享受高新技术企业所得税减免政策，减免所得税 31.08 亿元，共落实企业研发费用加计扣除政策 858 次，企业

研发费用税前加计扣除额度累计达 65.39 亿元。威海市 2015 年认定 119 户企业加计扣除研发费额 7.39 亿元，同比增长 31%，研发费用加计扣除额增幅居全省第一位。三是建立考核激励机制。淄博市制定出台了《淄博市小型微型企业发展考核办法》(淄政办字〔2013〕36 号)，把各区县、各部门促进小微企业发展的工作情况纳入全市年度考核指标体系。四是加强企业创新引导。威海市研究编制了《威海市产业关键共性技术发展指南(2016～2018)》，指南涵盖了 150 项关键共性技术。

2. 创新投入力度不断加大

一是加强财政资金扶持。"十二五"期间，淄博市财政累计投入资金 1.65 亿元，用于支持各类中小微企业发展，其中，中小企业发展专项资金累计扶持达到 4 500 万元(用于科技创新类项目扶持超过 50%)，科技型中小企业创新发展专项资金累计扶持 2 000 万元，中小企业信用担保专项资金累计扶持 5 300 万元，带动银行贷款 200 多亿元。二是支持企业研发投入。临沂市在经济新常态，经济增长速度整体下行的影响下，工业企业研发投入从 2011 年底的 44 亿元增加到 2015 年底的 85 亿元，实现了工业企业研发投入的翻一番。济南市中小企业技术中心 2014 年、2015 年两年科技活动经费支出比重分别为 5.35% 和 5.49%，比全市平均水平分别高 1.44 个和 1.46 个百分点。三是加大财政奖励力度。潍坊市自 2015 年起，对新认定的国家和省级中小企业公共服务平台，市财政一次性分别给予 50 万元、30 万元的资金支持；对新认定的国家、省、市级产业集群公共服务平台建设项目，市财政一次性分别给予 100 万元、50 万元、20 万元的资金支持；对新认定的国家级、省级创新载体，包括企业技术中心等，由同级财政分别给予 200 万元、40 万元的奖励。在此基础上，各县市区采取免费提供服务场所、办公设施，减免或免除房租水电等办法支持创新企业的发展。

3. 创新平台建设不断健全

一是创新平台建设情况。济南市市以上小微企业创业创新基地总数达到38家，其中省级基地16家，国家级基地2家；38家基地现入驻中小微企业超过3 000家。潍坊市80%以上企业均建立有创新平台，共有144家省级企业技术中心、297家市级企业技术中心，培育认定的“一企一技术”研发中心和创新企业市级181家和161家、省级90家和75家。淄博市规模以上工业企业普遍建立了技术研发机构，建成国家级重点实验室、工程技术中心、企业技术中心等16家；院士工作站76家，居全省首位。德州市实施“专精特新”工程，2016年创新培植了省级企业技术中心14家、“双高”中小企业105家、“专精特新”中小企业503家，直接带动高新技术产业投资增长50.4%。二是孵化平台建设情况。济南市建成国家级、省级企业孵化器9家，省级以上生产力促进中心10家，济南市“泉城众创空间”19家，各类孵化器约100万平方米，目前在孵企业1 350家，各类中介机构达到300余家。淄博市组织筹建“中德工业4.0示范区”“中以淄博创新谷”“淄博瀚海硅谷生命科学园”“淄博瀚海慕尼黑科技园”等海外科技孵化器和国际合作平台，注册成立淄博中意国际有限公司，整合利用国外先进科技资源和创新成果。三是公共服务平台情况。济南市中小企业公共服务中心等7家服务平台被认定为国家级中小企业公共服务示范平台，章丘中小企业服务中心等14家县区和产业集群平台被评为省级中小企业服务示范平台。潍坊市建设了“蓝色智谷”科技服务平台、高新区生物医药公共平台、3D打印技术创新创业中心、半导体照明产品检测、中小企业公共服务中心等创新服务平台。临沂市重点打造7个县级中小企业服务中心和20个特色产业镇公共服务窗口平台，整合信用担保、法律服务、财税服务、评估审计、管理培训、成果转化、市场开拓、上市融资等资源，为企业提供一体化、一站式、全方位的综合性服务。

4. 创新创业人才不断壮大

一是加强人才引进培养。济南市通过实施“5150”工程，共引进海外高层次人才411名，实施了“创新团队培养计划”，培育扶持一批创新能力突出的领军人才及创新团队。截至“十二五”末，济南市有专业技术人才40万人，国家海外引才特殊计划专家28人（济南区域38人），泰山学者海外特聘专家58人（济南区域238人），院士工作站32个。德州市先后出台了《实施现代产业人才支撑计划的意见》和《德州市建设协同发展示范区人才支撑计划》，深入推进“五个一”重点人才工程、人才工作“黄金30条”和28个配套细则持续发力。2015年市级人才投入占财政支出比重达14.46％，引进“两院院士”、国家海外引才特殊计划专家、泰山学者等高层次人才267人。威海市承办了国家级“英才创业峰会”，借助人社部确定将“英创会”活动基地常设威海的优势，为企业打造了“零距离”的引才环境。二是加强人才培训。潍坊市开办“公益大讲堂”，每年组织200多名优秀民营企业家高端培训班，举办中小企业管理人才培训班及巡回大讲堂，培训1.5万余人次。淄博市组织实施《企业家十年培训计划（2015～2025）》，用10年时间对规模以上企业负责人开展分行业、分梯次、长期系统培训，组织“双50强”企业负责人和行业内重点企业负责人赴德国学工业4.0和企业管理、赴以色列学创新、赴台湾学台塑等培训活动，提高企业家创新发展意识和能力。

5. 创新联盟建设不断加强

截至2015年末，济南市技术中心中小企业与高校、研究所及其他企业合办技术中心和研发机构数达到374个。德州市引进建设中科院山东综合技术转化中心德州中心、教育部科技创新中心德州中心等一批“国字号”技术转移转化机构，推进山东省技术转移转化中心建设，以德州生态科技城为核心载体，打造京津科技成果转化基地核心区和山东省对接京津技术转移转化的桥头堡，对接大院大所806家，664家企业与高校、科研机构建立了密切合作关系。淄博市实施高新技术产业“铸链工程”，强化引导高新技术产业创新链抱团、融合发展，组建由高校院所为技术支撑的产业技术创新联盟，重点打造26条创新链，组建26家创新产业联盟，聚集创新型企业488家、高校院所165家，围绕产业链发展重大技术需求开展联合技术攻关，实现“抱团创新”。威海市成立了轮胎产业等19个产业技术创新战略联盟，与123家高校科研院所建立产学研合作关系，促成产学研合作项目405项，90%以上的规模以上工业企业参与了产学研合作，形成了政产研用金密切结合、协同创新的格局。

6. 创新绩效不断显现

中小企业逐渐成为创新主要力量，以济南市为例，中小企业每年入选山东省技术创新项目的数量约占全市总量的70%左右。中小企业重大成果不断产出，宏济堂“人工麝香研制及产业化”分别荣获2014年、2015年国家科技进步一等奖。淄博市形成了一批超前研发能力强、拥有自主知识产权的关键技术，中性低铝硼硅玻璃瓶、光电新材料、船用中速双燃料发动机、阻燃防静电海藻织物面料、海洋环境钢结构腐蚀控制与防护材料、医院智能一体化感染控制系统和数字化医用电子直线加速器等为代表的一批重大成果加速产业化。企业创新效益非常可观，威海市共投入研发经费13.9亿元，培育省级以上新产品94项、新技术177项、新工艺87项，项目建成达产后可实现年销售收入121.52亿元、利税25.76亿元。

（二）主要问题

尽管全省各市中小企业创新能力不断提升，创新效果不断显现，但仍然存在一些问题和障碍制约了中小企业更好更快地创新发展。

1. 企业创新观念和动力不足

科技创新投入的资金多、风险高、回收期长。大多数中小企业规模较小，抵御风险能力较差，疲于生存压力，企业家缺少主动创新意识，创新管理能力不强、主动组织开展研发新产品、新技术、新工艺的创新活动动力不足，缺乏通过自主创新做强做大并实现持续发展的内在动力。因此，目前企业普遍重生产轻研究开发，重引进轻消化吸收，重模仿轻创新，创新层次低，重大发明少。部分中小企业安于现状，满足于目前的产品和市场，仅着眼于短、平、快的一般项目，依靠规模扩张和价格竞争谋求发展，没有做百年企业的信心和决心。部分中小企业往往对个人特别是企业主的力量依赖性更大，缺乏系统的、完善的管理制度体系。据 2015 年临沂中小微企业创业创新需求专项调查：在随机抽选的 500 家企业调查样本中，仅有 12％的企业有产品创新，17％的企业有工艺创新、30.6％的企业有组织管理创新、21.6％的企业有营销创新。

2. 企业创新人才比较缺乏

人才结构不均衡，由于历史的原因，科技人员 70％集中在高校、科研院所，中小企业的技术人员所占比重很小。以淄博为例，高级职称的专业技术人才多集中在教育、卫生系统及传统产业领域，新兴产业领域高层次工程技术人才偏少。人才数量不足，有些市具有较强科研开发能力的高校少，重点学科、重点专业、重点实验室等载体建设滞后，人才供给不足，企业普遍缺少技术领军人才和技术创新带头人，创新源头匮乏的问题亟待解决。人才使用不好，中小企业在工程技术人员数量、素质、层次上与大企业相比还有较大差距，一些技术人员常常忙于日常技术性工作，很难独立开展技术创新工作。部分企业即使引进了研发人才，但由于工资福利等方面的相对弱势，也很难保证研究开发人才的稳定性。

3. 企业创新研发资金短缺

企业用于科技活动经费的投入来源单一，企业自筹资金总量难以支撑产业规模扩张的技术进步需要；有些政府专项资金项目扶持力度弱，拉动项目投资比例低，难以形成技术创新项目投入、新产品销售收入、专利申请数量的持续增长；许多中小微企业轻资产、少抵押物，面临较大的资金压力，其现金流和信用难被银行承认，通过知识产权进行融资也很难落实，科技研发资金投入不足，创业风险投资不够活跃，缺少多层次的融资渠道，中小企业很难通过金融机构和直接融资市场获得资金支持，创新资金来源不足严重影响着企业科技投入和创新。

4. 企业创新环境仍需优化

目前，各级政府出台的有关扶持中小微企业发展的政策措施不少，但调研中发现，很多中小企业对相关政策了解不多，中小企业普遍认为政策门槛太高；有些政策缺乏明确的操作细则和配套措施，难以贯彻实施。制约创新发展的深层次体制机制阻碍依然存在，协同创新不够深入，科技服务业发展有些滞后，科技成果转化率不高，成果转化渠道不畅，科技对外开放程度不够，全社会创新创业热情特别是科技人员和企业家的积极性还没有被充分调动和激发，创新环境亟待进一步完善，创新文化需要进一步加强。

（三）对策建议

聚焦中小企业创新能力提升中的制约问题，全面打通企业创新链条中的关键障碍，坚决落实鼓励技术创新的政策措施，完善“以企业为主体、市场为导向、产学研相结合”的技术创新体系，促进中小企业创新能力不断提升和健康快速发展，提出如下对策建议：

1. 强化企业创新主体地位

一是增强企业创新意识。引导企业在内部打造尊重创新愿望、发挥创新才能、肯定创新成果的良好文化，激发企业职工的积极性和创造性；强化企业决策者的创新意识和创新理念，对风险和失败保持正确态度，勇于突破传统观念的束缚，敢于接受新思想、新观念，善于融合企业的各种资源进行创新。二是支持企业创建各类科技创新平台，加大创新投入，不断提高核心技术开发能力和技术优势，充分发挥企业技术中心等创新平台在区域创新体系和企业创新能力建设中的引导与示范作用。三是深化产学研协同创新机制，健全完善以企业为主体、市场为导向、政产学研用相结合的创新体系，促进创新资源整合和集成应用。建立科创信息发布和交流平台，畅通企业与科技研发部门的交流渠道，促进产研结合、产业交流、产研交融。四是强化创新要素保障，加大企业技术中心、“一企一技术”研发中心和专精特新企业培育力度，支持企业实施知识产权战略，参与制定国家标准和行业标准，加强品牌建设；加大政府采购支持力度，扩大中小企业市场空间。

2. 完善创新融资服务体系

一是积极探索适合中小企业的融资方式，搭建银企合作平台，帮助中小企业有效运用多种融资方式拓宽融资渠道。二是进一步加强现代企业制度建设，积极推动中小企业规范化公司制改制，通过科学规划、建立“储备库”、强化培训等多种措施，推动企业挂牌上市获取直接融资。三是加强中小企业信用培植，盘活民间资金，壮大担保公司和担保基金规模，加大对中小微企业贷款损失补偿力度，为更多的中小微企业提供融资担保服务。四是进一步提升融资担保水平，通过财政增加国有资本金投入、吸收民营资本增资扩股方式，鼓励建立有政府注资参与的担保公司，设立过桥还贷引导基金，做大做强政府担保机构，解决中小企业普遍反映的转贷难的资金接续难题。五是充分运用财政投入、优惠政策和相关金融工具最大限度地撬动资本向中小企业、向科技创新聚集，更好地助力中小企业突破成长中的资金瓶颈。六是鼓励设立风险投资基金和天使创业创新投资基金，充分发挥齐鲁股权交易中心的优势，推动中小企业股权融资。七是搭建中小企业与风险投资机构的对接平台，通过沙龙、论坛、路演等多种形式的互动，增强企业与风投机构的联系。

3. 加强人才引进培养和培训

一是加强专业技术人才建设。以高层次创新型人才开发为重点，实施重点人才和紧缺人才培养工程，通过项目培养、课题研究的方式，支持企业成为培养创新人才的主体，培养一批急需的专业技术人才。二是加强企业家培训。加强基础启蒙培训，以政府购买服务支持企业的方式，做好对规模以上工业企业及部分高成长型小微企业主要负责人的轮训规划；探索个性化深度培训，采取政府主导，市场化运作，企业家自愿参加的方式，走出去培训骨干企业企业家、青年企业家、二代企业家等人才队伍；开展线上差异化培训，根据企业家的差异性需求，以政府购买的方式，依托网络培训平台，通过个人计算机（PC）终端、程序应用（APP）手机客户端，向企业家开放学习资源。三是完善人才发展体制机制。要着力营造科技人才向企业流动的机制和环境；要建立有利于科技人才在企业成长和发展的激励机制和管理模式；要建立企业与大学、科研机构合作培养企业创新人才队伍的共建机制，共同培养企业所需要的各类创新人才。

4. 深入贯彻落实各项创新政策

目前，国家、省和各市均出台了一系列好的政策，深入了解企业的迫切需求，通过最有效的方式将创新政策传递到企业中，并切实减轻企业负担，帮助企业轻装上阵。一是加大政策宣贯力度。通过政府信息公开、各类媒体等加强政策解读，及时公示相关条件和办理流程，切实解决政策信息不对称问题；全面落实国家关于鼓励科技创新的研发费用加计扣除、高新技术企业税收优惠、首台套保险补偿等一系列优惠政策。二是加强政策落实情况督查。各级政府牵头组织中小微企业财政资金支持、普惠性税收、金融支持等政策落实情况检查工作，探索建立和不断完善政策执行评估体系和通报制度，全力打通政策落实的“最后一公里”。三是加大各项惠企政策、利企业务的宣传推广。充分发挥电视台、新闻媒体、报纸、杂志、官方微信、微博、APP 等媒介的传播优势，扩大宣传范围，营造良好舆论服务氛围。

5. 着力优化创新公共服务环境

一是完善创新创业服务体系。以企业孵化器、创业辅导基地为主要载体，培育和扶持一批集研发设计、创新孵化、技术交易、知识产权等服务各类公共服务平台、生产力促进中心或科技服务机构，为中小企业的创新发展提供全方位、多元化的中介咨询服务。二是打造综合性小微企业服务平台。依托中小企业服务中心，统筹整合各职能部门服务资源，优化资源配置，形成部门合力，创建集小微企业信息发布、政策咨询、监督考核、统计分析等功能为一体的全市综合信息共享和服务平台,提供"一站式"整体解决方案。三是建立"互联网+服务"的新型对接模式。把中小企业公共服务平台打造成通联其他平台和集聚创新能力服务资源的直接接口,实现互联互通,让企业通过一个平台界面就可以找到所有的平台服务,提高公共服务平台的企业接入面和影响面。

人才发展篇

一、关于江苏、浙江、广东三省人才工作特点的调研报告

2018年，《苏浙粤人才工作特点研究》课题组对江苏、浙江、广东三省人才发展情况进行了调研，并总结了彰显三省各自核心竞争力的人才工作特点，形成如下报告：

（一）江苏省人才工作特点

目前，江苏省人才资源总量达1 150万人，其中高层次人才有84万人，在苏两院院士100人。862人入选国家海外引才特殊计划，占全国的10.8%；340人入选国家“万人计划”，占全国的8.7%；269人获得“国家杰青”，197人评为“长江学者”，均居全国前列。全省人才贡献率达36%，区域创新能力连续8年全国第一。江苏省人才工作的主要特点为：坚持产才融合为导向，以产兴才、以才促产，推动人才链与产业链深度对接、人才发展与产业发展深度融合。

一是健全产业人才规划体系。编制出台《江苏省“十三五”人才发展规划》，对全省在创新驱动发展中如何发挥人才的支撑和引领作用作出部署安排。省发改委、经信委、科技厅、交通厅等30多个部门，分别编制重点行业领域人才发展专项规划，进一步细化和分解“十三五”人才发展规划的目标任务，有力有序推进行业领域人才建设。到目前，已出台先进制造业人才、现代服务业人才、软件与互联网人才等专项规划30多个。

二是优化产业人才品牌工程。突出产业导向，升级“双创计划”

"333 工程"等品牌工程;评审中引入创投机构、企业家,把人才享受的薪酬待遇、创造的市场价值、缴纳的所得税收、获得的创业投资等作为重要衡量指标。近年来引进的 3 966 名海内外领军人才、336 个创业团队,共创办 1 608 家企业,其中 183 家被认定为国家高新技术企业、87 家年产值超亿元、15 家上市。第四期"333 工程"(2011～2015 年)培养对象中,入选"两院"院士 16 人,进入国家"万人计划"176 人,获得国家杰出青年 244 人,评为"长江学者"180 人,涌现出国家传感网标准化工作组组长刘海涛等一大批优秀科技企业家。江苏省将聚焦领军人才、乡土人才和年轻人才三类重点群体,推出新的人才工程。

三是打造开发区人才重镇。制定促进全省开发区改革和创新发展的《实施意见》,设立针对开发区人才发展的专门章节,提出构建招商引资和招才引智双招双引工作机制、建设人才发展缓冲基地等 10 个政策点,更加突出人才引领产业发展的方向。目前,江苏省级以上开发区创造了全省一半以上的经济总量、财政收入,集聚了 80%以上的高新技术企业和 80%的近年来新引进高层次人才。

四是发展创新创业人才金融。推出"人才贷""人才投""人才保"等"人才号"系列金融产品。在资本的参与下,人才和产业迅速活跃起来,2017 年以来,江苏银行累计为 2 300 多名人才提供 45 亿元零抵押零担保的纯信用贷款。2017 年 8 月 10 日,在全国第一家成立江苏人才创投联盟,设立江苏人才创新创业项目路演中心,30 多家海内外知名创投机构加盟,并与深交所签署合作协议,打造资本服务创新创业的重要平台、助力人才成功的舞台。

五是编制产业人才地图。江苏省与国家工信部、有关行业协会对接,绘制海内外高层次人才地图,分类摸清行业发展最领先、科学技术最前沿、创新人才最顶尖的国际国内分布,为实现精准引才、提升产业层次夯实人才信息基础。南京、苏州、无锡、常州、泰州等地分别围绕智能制造、纳米、物联网、石墨烯和生物医药等领域推进。无锡市上线运行全球物联网产业地图和人才地图。此外,每年编制发布人才统计公报，定期发布设区市、县（市）、园区、企业、高校（高职）等领域人才竞争力分析报告；成立江苏人才发展战略研究院，开展重大人才课题研究。

六是营造创新创业良好环境，成立“江苏人才创新创业促进会”“江苏海外引才特殊计划专家联合会”“双创人才联合会”等社团组织，发挥人才团结人才、人才支持人才、人才服务人才的作用；设立“江苏创新创业人才奖”，以省委、省政府名义表彰在创新创业实践中做出突出贡献的科技人才，已开展五届评选活动，共表彰 50 人，在全省引起积极反响。

（二）浙江省人才工作特点

2017 年，浙江省新入选“两院”院士 4 名，累计 46 名；遴选产生第 5 批省特级专家建议人选 29 名，累计 124 名；单批次入选“国家海外人才引进专项工程”111 人，创历史新高，居全国第 3 位，累计引进“国家海外人才引进专项工程”778 人，总数居全国第 4 位，累计引进“省级海外人才引进专项工程”2 056 人、省领军型创新创业团队 66 个。浙江省人才工作特点是将“人才强省”列为“四个强省”之一，坚持打造最优人才生态导向，发挥民营企业最大优势，推进人才平台提档升级，人才队伍量质并升，人才活力充分释放。

一是发挥民营企业招才引才优势。依托 160 万家民营企业，打造浙江省引才用才的最大优势；大力实施以推进企业上市和并购重组为核心的“凤凰行动”计划，目标到 2020 年全省境内外上市公司争取达到 700 家，重点拟上市企业 300 家，实现数量倍增。阿里巴巴成立达摩院，未来 3 年投入超过 1 000 亿元进行基础科学和颠覆性技术创新研究。吉利集团收购沃尔沃之后，又先后收购宝腾汽车 49.9％股份、豪华跑车品牌路特斯 51％股份、德国戴姆勒 9.69％的股权，不断加强对人才和技术的储备。万丰奥特陆续收购捷克 DF 飞机制造项目、夏威夷航校和加拿大钻石飞机公司，通过引进和应用高端人才和创新团队，推动企业由造汽车轮毂向造飞机的“华丽转身”。

二是加强产业人才载体建设，重点推进杭州未来科技城和海外引才产业园建设。2011 年以来，杭州未来科技城已累计引进海外高层次人才 2 600 余名，2017 年实现税收 220 多亿元，目前每年增幅都在 50%以上，成为高层次人才最为密集、增长最快的承载平台，并将迎来 12 000 余家中小企业发展“井喷期”。同时推广未来科技城建设经验，在海外人才工作基础较好的 6 个县(市、区)建设海外引才产业园。

三是补足高教科研平台短板。加强国(境)外大学或国内世界一流大学合作，目标新引进建设 20 家左右；积极建设西湖大学，力争创建一流的民办研究型大学；重点打造之江实验室，积极争创国家实验室，目标到 2022 年，集聚科研人员 2000 人，打造顶级科学家、行业领军人才领衔的创新团队 200 个。

四是推陈出新人才工程和政策。在省级层面 8 个部门牵头开展 13 项重点人才工程，新制定实施省“万人计划”，分杰出人才、领军人才和青年拔尖人才 3 个层次 8 个类别，通过 10 年努力，省级重点支持 2000 名。新制定八大万亿元产业人才发展规划，围绕信息、健康、环保、装备制造等八大产业，制定八大万亿元产业人才发展规划，发布八大万亿元产业引才目录，制定产业人才地图。新制定人工智能人才队伍建设 12 条，在国家海外引才特殊计划等人才项目中开设人工智能人才专项，成立中国人工智能人才小镇，吸引国内外高水平人工智能领域创新平台和项目，并成立人工智能专家委员会，打造一流的人工智能领域智库。

五是创新省属事业单位激励制度。针对事业单位绩效工资这一突出矛盾，专门出台《关于进一步完善省属事业单位绩效工资推动人才创业创新的若干意见》；推行“一个增加、五个不纳入”，即业绩突出的单位或团队，可适当增加绩效工资总量；高层次人才的收入分配、科研经费绩效奖励、科技成果转化奖励、横向项目劳务报酬、文化创意产业发展激励，均不纳入绩效工资总量。同时，积极下放科研项目相关经费调整审批权，增加领军人才路线决策权和经费支配权。

（三）广东省人才工作特点

2016年，广东省人才总量为1 411.5万人，居全国首位；高层次人才71万人，占全省专业技术人才的13.2%；高技能人才308万人，占全省技能人才的28.3%。“高精尖”人才不断聚集，现有在粤工作院士163人（其中本省院士38人，双聘院士125人），国家海外引才特殊计划入选者551人，“万人计划”入选者123人。广东省人才工作特点为以率先改革创新为导向，紧紧围绕创新驱动发展战略，深入推进人才发展体制机制改革，优化提升重大人才工程，加快建设创新型人才高地。

一是推进人才政策制度创新。2015年，开展高水平大学建设人事制度改革试点，在全国率先下放岗位设置权、公开招聘权、职称评审权、薪酬分配权、人员调配权，放权范围和力度全国领先。2016年，出台支持广东自贸区建设及创新驱动发展出入境政策和相关配套文件，解决海外人才出入境和停留居留不够便利的问题，共为海外高层次人才签发证件10 372人次，受理外国人永久居留申请24人次。2017年，深圳颁布实施了《深圳经济特区人才工作条例》，将人才工作实践上升到法律层面。

二是推进人才发展体制机制改革。按照务实管用、落地生效的原则，坚持问题导向、需求导向和目标导向，重点针对广东人才发展体制机制存在的十大突出问题（包括海外人才出入境和停居留不够便利、传统编制管理制度束缚人才发展、人才创新创业税负过重、人才经费使用自主权受限、人才评价“三唯”问题突出、房价高降低人才吸引力、人才医疗社保子女入学问题比较突出、区域人才发展不协调、人才投入方式有待完善、人才工作目标责任考核有待加强），印发实施了《关于我省深化人才发展体制机制改革的实施意见》（粤发〔2017〕1号），提出一系列“含金量”很高的改革措施。

三是推进粤港澳人才合作示范区先行先试。粤港澳人才合作示范区抓住建设中国(广东)自由贸易试验区的契机,深入开展跨国跨境人才交流合作,在港澳及海外人才来往便利、个税补贴、执业资格认可、创新创业等方面先行先试,有力促进粤港澳人才深度合作,取得明显成效。例如,广州南沙重奖高端领军人才和重点发展领域急需人才,实施高端人才卡服务制度;深圳前海对认定的境外高端和紧缺人才个人所得税超过15%部分给予财政补贴,先后引进香港10多类专业人士执业从业;珠海横琴实施港澳居民个税差额补贴办法,出台特殊人才奖励办法,设立初始规模为100亿元的产业引导扶持基金,吸引扶持海内外青年人才创新创业。

四是实施重点人才工程。积极推进落实国家海外引才特殊计划、“万人计划”等重大人才工程,并围绕广东创新驱动发展战略、粤东西北振兴发展战略,组织实施了省三大人才工程(“珠江人才计划”“广东特支计划”“扬帆计划”),加大引进培养力度,打造人才工作品牌,集聚一批高层次人才来粤创新创业;实施“珠江人才计划”,大力引进创新创业团队和领军人才。目前已引进六批共162个团队和122名领军人才,直接带动250个团队、3万名国际人才来粤创新创业;实施“广东特支计划”,大力培养本土人才,遴选出三批次共984名业绩突出、具有突出贡献或发展潜力的专家学者进行重点支持,杰出人才(原“南粤百杰”)入选人才共有4人成功当选中国工程院院士;实施“扬帆计划”,助推粤东西北人才发展,共支持30个市级和135个县级重点人才工程项目,引进51个创新创业团队和81名紧缺拔尖人才,培养121名高层次人才和1 815名高技能人才,资助116名博士后,有效地推动了当地产业发展、科技进步和人民群众脱贫致富。

五是加强人才服务保障工作。设立高层次人才服务专区,实现高层次人才引进随报随批并及时办结调动手续,享受户籍居民同等待遇;打造网上“一站式”服务平台,实行一条龙”服务模式,高层次人才足不出户便可快速办理落户、出入境、子女入学等25项业务。

建设网上审批服务“高速公路”，实现单项联网审批；整合省人力资源服务机构，实行统一管理、统一监督、统许可，全省共发放人力资源服务许可证 1 800 余个；搭建广州“留交会”、深圳“高交会”和“国际人才交流大会”等国家级高端人才交流合作平台，打造“中山人才节”“东莞人才周”等在全国有一定影响力的人才交流平台，吸引海外高层次人才。

二、东北三省人口外流现象对山东省人才工作的启示与对策

2017年，《东北三省人口外流现象研究及启示》课题组对东北三省人口外流现象进行了专题研究，深刻汲取和借鉴东北三省人口外流教训，宏观把握国内人才流动趋势，结合山东实际，研究提出我省“吸引人才、留住人才、用好人才”的对策措施，具体报告如下：

（一）东北三省人口人才外流现象的解读

1. 人口问题比较严重，将对经济产生长期深远影响

一是总人口比重不断下降。2016年东北三省总人口1.09亿，占全国总人口的7.89%，比2000年、2010年分别下降了0.53个、0.33个百分点。二是人口增长出现负增长。2015年黑龙江、吉林、辽宁三省的人口自然增长率分别为－0.42‰、0.34‰、－0.6‰，分别排全国倒数第二、倒数第四、倒数第一。国家放开二胎政策后，东北三省生育意愿测算结果仅为1.76个，显著低于全国平均水平，该地区未来人口增长形势也不容乐观。三是低生育带来严重的少子化和老龄化问题。辽宁、黑龙江、吉林三省平均1个妇女仅生育0.74个、0.75个、0.76个孩子，远远低于2.1的代际平衡数量。据统计，东北20～39岁青壮年劳动力占全国比例已经从1982年的10.0%下降到2010年的8.1%，并将在2030年继续下降到6.0%。与此同时，东北三省人口老龄化问题愈加严重。2015年，东北三省的中位年龄为43岁，比全国的38岁高5岁，相当于全国2027年的

水平，未来养老负担沉重。随着青壮劳动力不断减少，“人口红利”不断透支，将从劳动力供应、社会老龄化、居民消费、社会投资、发展活力潜力等方面对经济社会发展产生巨大影响。

2. 经济发展不景气，反过来加速了人才流失

据研究表明，经济发展好坏直接影响着人口流动方向。2014 年以来，东北三省经济增速大幅回落，经济增长排名全国垫底，尤其是辽宁省出现了“断崖式”下滑。2014～2016 年，辽宁省经济增长速度分别为 5.8%、3%、−2.5%，分别低于全国 1.5 个、3.9 个、9.2 个百分点；吉林省分别为 6.5%、6.3%、6.9%，分别低于全国 0.8 个、0.6 个、−0.2 个百分点；黑龙江省分别为 5.6%、5.7%、6.1%，分别低于全国 1.7 个、1.2 个、0.6 个百分点。除了 2016 年吉林省比全国高 0.2 个百分点之外，东北三省在 2014 年之后经济增速全部低于全国。经济发展水平很大程度决定了居民收入水平。2015 年，吉林、辽宁和黑龙江三省城镇私营单位就业人员平均工资分别为 27774 元、33812 元、28586 元，远低于全国平均水平的 39589 元。受区域经济发展不平衡、收入水平差异等因素影响，东北地区人口净迁出规模不断扩大。第五次人口普查时东北三省人口净流入为 36 万，第六次人口普查时东北人口净流出 200 万。从目前东北三省的生育水平和人口流出趋势看，东北地区人口已经临近人口规模快速减少的下行通道。

3. 产业结构比较单一，难以蓄纳大量人才就业

目前，东北三省以重工业为主和以国企为主的“双单一”经济结构互相依赖，影响深远。在城市发展体系中，像大庆、鹤岗、松原、阜新等单一产业的专业化、资源型城市较多；支柱产业以煤炭、钢铁、石油、农产品等初级品为绝对主导，IT、金融等很多专业人才无用武之地。国有经济比重过大，国有经济占经济总量的比重从 2000 年前后的 2/3 降到现在的 50%，仍高于全国 30%的平均水平。东北三省单一的产业结构使得该地区就业岗位少、收入水平低，缺少吸纳人才就业的“蓄水池”，无法为本地人口创造丰富的就业机会和发展机会，造成东北三省大量优质人力资源只能选择外流。根据2015年国家卫计委研究发现，目前东北地区高学历、高素质、高层次的管理人才、专业人才、技术人才到外地就业创业情况较为突出。高校毕业生也呈现出“孔雀东南飞”现象。根据2016年哈尔滨工业大学、大连理工大学、吉林大学统计，分别只有25.85%、29.57%、36.39%的毕业生选择留在东北，多数毕业生流向了华北、华东和华南等发达地区。

4. 人才观念保守和体制机制不灵活加剧人才流失

一是东北地区人才观念保守。东北地区以前从人才到物资得到国家长期的照顾，长时期的计划经济体制禁锢使得不少东北地区干部养成了等、靠、要的思维定势，这就是李克强总理所批评的不作为的惰性。深圳“拓荒牛”、沪上“海纳百川”的先锋精神也在东北缺失，发展理念尤其是人才观念相对落后保守，跟不上时代发展的步伐，严重阻碍了东北地区人才的发展。二是人才体制机制不灵活。由于历史性原因，虽然改革开放已30多年，但与其他地区特别是沿海地区相比，东北地区市场意识仍然相对淡薄，市场机制对包括劳动力在内的资源配置功能并没有完全发挥出来，人才价值得不到充分体现，在部分地区人才的招聘与选拔中存在“任人唯亲”的现象，很多年轻人和没有社会背景的人才更愿意到创业、就业环境宽松的地区发展。同时，人才引进、培养、流动、使用、评价、激励机制等方面存在许多不健全不完善问题，进一步限制了外部人才的引进，加快了本地人才的流失。

（二）当前国内人才资源流动的主要趋势

1. 对人才的争夺已经成为中心城市的区域性竞争

人才是当下最为紧缺的资源，近年来国际人才竞争日趋激烈，围绕存量高端人才的争夺愈演愈烈。国内各省市紧跟国际人才流动大势，采取更具吸引力的政策措施，纷纷释放出“引才大招”，面向海内广招人才。2015年，南京市出台了“创业南京”人才新政26条，着力打造具有国际影响和独特优势的产业科技人才高地。2015年5月至2016年9月，上海先后发布“科创22条”“人才20条”和“人才30条”，三次升级人才发展体制机制，并配套一系列政策和操作细则，打响招才引智持久战。2016年，深圳出台了《关于促进人才优先发展的若干措施》，实行更具竞争力的高精尖人才培养引进政策。2017年，武汉招才局正式成立，将招才引智列为“一把手工程”，并推出“双百万”计划，即5年内，百万大学生留汉创业就业、百万校友资智回汉。

在此竞争环境下，部分先行城市的人才举措开始见成效。例如，广东省率先采取创新创业团队引进计划，已引进117个团队和89名领军人才，直接带动250个团队、3万名国际人才前来创新创业，以才引才、以团队聚才的“滚雪球”效应越来越明显。

2. 当前人才的竞争是“人才生态圈”的全面竞争

当前，人才的竞争加速转向系统化、全面化，从拼薪酬待遇、物质条件上升为包含体制机制、人文环境的综合竞争。国内外对人才的竞争，不再是一个单位、一个平台点对点的竞争，而是区域间面与面的全方位“人才生态圈”的竞争。

广东、深圳、宁波、厦门等省市分别出台了专门的人才优先发展意见，对高层次科技人才既有高薪待遇，又有平台载体支撑，更有灵活机制、良好环境和一站式服务，正在形成区域性系统化的人才全面竞争优势。特别是深圳出台“人才新政81条”，共计178个政策点，涵盖人才引进、培养、评价、使用、激励等各个环节，覆盖院士、高精尖缺人才、博士后等基础研究人才、高校毕业生等中初级人才、工匠等技能人才以及创客人才等各级各类人才群体，全面打造我国创新创业人才高地。

很多省份围绕人才创新优化“创业生态”。例如，皖川沪浙粤鄂构建“环高校知识经济圈”，打造开放式众创空间和科技资源共享系统，并提供政府财政补贴。上海推广“人才实验室经济”服务模式，组织人才团队承接重点企业技术研发、产品创新等服务外包业务。

湖北围绕人才聚焦区兴建创新创业超市，并推出大企业人才溢出支持计划、民间工艺技能传承人创业扶持计划、青年大学生创业计划等多领域的创业系列计划。

3. 利用创新平台载体聚集人才资源成为新“杀手锏”

随着国家创新驱动发展战略深入实施，产学研协同创新的形式和机构不断演变，一大批技术创新中心、产业技术研究院、国家重点实验室等机构纷纷诞生，成为国内创新创业的生力军，“西湖大学”“达摩研究院”等各类新型创新平台载体吸引集聚高层次人才的优势越发凸显。高层次人才围绕创新平台载体扎堆的马太效应日益显现，人才分布加速呈现集聚化特点。在湖北，华中科技大学仅凭一个机械科学与工程学科，就聚集了 6 名两院院士、11 名长江学者和 6 名国家杰青。在青岛，海洋大学、科研院所叠加打造的国家级大平台——青岛海洋科学技术国家实验室，集聚了 17 名两院院士，集中了全国 40％以上海洋科学领域高端人才。广东省引导企业牵头组建 124 家新型研发机构，凭借市场化的运行机制和人才激励制度，短短数年就引进了科研创新团队 23 个，集聚了中高级创新人才 6 000 多人。

4. 人才体制机制改革创新呈现南北差异化特点

中央提出要“纠正人才管理中存在的行政化、‘官本位’倾向”。南方发达地区积极推进人才体制机制创新工作。例如在编制问题上，冀、鄂、浙、川、皖等省设编制“蓄水池”破“引才无编”困境，浙江省招聘特殊人才改审批制为备案制，逐步探索高校、公立医院不再纳入编制管理。再比如珠三角部分地市，深圳市对高层次科技人才选拔不拘一格，建立青年人才举荐制度，组建青年人才举荐委员会，推荐认定高层次人才；中山市出台了“1＋30”人才政策体系，其核心指向进一步打破引才、育才和用才的身份障碍和体制藩篱；广州市正努力摆脱以行政力量主导、以财政投入为主的“路径依赖”，运用市场化、法治化与国际化的思维和方式推进人才工作；珠海市通过在人才合作机制、人才引进机制、人才配套服务等领域进行“三创新”改革。

与南方相比，北方很多地区，尤其是东北三省，人才观念偏向保守，人才体制障碍未完全消除，人才政策制度相对滞后，人才发展环境缺乏吸引力，经济社会创新发展的活力不足，难以形成政策洼地效应。以吉林省松原市为例，户籍管理制度、身份管理制度、社会保障制度是目前严重影响人才顺畅流动的三大体制性障碍。正因如此，更多的北方青年人才放弃北方管理僵化、“关系”氛围浓厚的国有企业，选择更具有创新意识和良性竞争的南方城市发展。由于人才流失，北方的经济发展在创新方面又受到了阻碍，从而进入一个恶性循环的状态。

（三）我省人才资源发展的成效与问题

山东省委、省政府高度重视人才工作，近年来先后出台了《山东省“十三五”人才发展规划》《关于深化人才发展体制机制改革的实施意见》等一系列政策文件，积极创新人才政策和体制机制，统筹推进各类人才队伍建设，大力实施重大人才工程，人才强省建设成效显著。

——人才总量显著增加。2015 年，全省人口总量为 9 847 万，占全国人口比重为 7.161％，比 2010 年人口总量增长 2.70％。全省人才资源总量 1 477 万人，比 2010 年增长 51.5％。每万人中的人才数量达 1 500 人。人才主要集中于装备制造、能源资源、农业科技、社会工作、科技、金融财会、新材料、信息等重点领域，有力地支撑了我省经济社会发展。

——人才素质结构不断优化。高层次人才队伍不断壮大，“十二五”期间，住鲁院士新入选 7 人，达到 40 人；国家海外引才特殊计划专家入选 126 人，达到 148 人；国家“万人计划”专家入选 39 人；“中华技能大奖”获得者 7 人。人才学历结构不断优化。党政人才、企业经营管理人才和专业技术人才中具有研究生学历的占比近 3％，技能人才中大专及以上学历水平的占比近 30％。

——人才平台载体建设成效显著。截至“十二五”末，国家级高新区达到 13 个，拥有国家实验室、国家重点实验室、国家级工程技术研究中心和国家认定企业技术中心等科技创新平台 241 个，博士后科研流动站 132 个，国家级高技能人才培训基地 18 个，国家级技能大师工作室 24 个，均居全国前列，为吸纳承接人才提供了载体空间。

——人才竞争力不断增强。2015 年，全省发明专利授权量和每万人发明专利拥有量分别达到 16881 件和 4.9 件，分别是“十一五”末的 5.1 倍和 4.95 倍。高端容错计算机、8 挡自动变速器、机器人核心部件 RV 减速器、高速动车组等一批重点领域关键技术实现重大突破。全省源头创新能力大幅提升，农业科技、海洋科技继续保持领先优势，区域创新综合能力连续五年保持在全国第六位。

虽然我省人才资源在全国范围内，尤其是与东北三省相比，拥有雄厚的经济基础和独特发展优势，但也存在一些问题制约了我省由人才大省向人才强省转变，具体表现如下：

一是人才外流现象同样存在。虽然我省总人口数量稳步增长，但与东北三省相似，我省优秀人才外流现象一定程度上存在。2016 年我省人才净流入占比在华东地区排名第五，为－4.99%，也就是说，流失的人才数量大于流入的人才数量。调查问卷显示，流失的人才中，理工和医学人才占八成，主要流向京、沪、苏、浙地区。人才外流原因和东北三省有些相似，主要是工资低、缺乏事业平台和缺乏团队。

二是人才结构性矛盾仍然存在。在人才层次上，我省科技人员总量大，高精尖缺人才缺口不小；在产业结构上，传统产业人才较多，现代金融、现代物流、信息服务和商务服务等服务业人才相对不足；在专业结构上，自然科学类人才较多，工程技术、社会事业类人才相对不足；在分布结构上，大多数集中于高校、科研院所等机关事业单位；在区域结构上，85%的高层次人才集中于济南、青岛两市，“两区一圈一带”其他城市、基层单位和中小企业人才相对不足。

三是人才平台载体急需加快发展。我省高水平大学和优势学科偏少，全省只有3所“985”“211”高校，“双一流”建设还有待加强。创新平台，尤其是制造业骨干企业平台大多以单独研发为主，协同创新和开放合作不够，没能有效发挥聚集人才作用。新型研发机构刚刚起步，尚缺乏像深圳先进技术研究院、江苏产业技术研究院、阿里巴巴达摩院等已在国内外产生巨大影响的新型机构。

四是人才政策环境有待加强。我省人才发展的环境与发达地区还有较大差距，市场机制在人才培育、选拔、引进中的作用尚未完全释放，尚未形成更加开放包容的人才政策环境。比如有些政策过散，重复交叉，形不成合力；有的政策执行难度大，“最后一公里”难以打通，海外人才及家属子女来到山东缺乏“类国际化”的工作生活环境，省会济南至今没有国际学校、国际医院。

（四）进一步加强我省人才工作的对策建议

1.加强组织领导，建立强有力人才工作机制

一是完善党管人才工作格局。发挥党委（党组）在人才工作中的领导核心作用，严格落实党委（党组）书记人才工作第一责任人责任，将人才工作列为落实党建工作责任制情况述职的重要内容；深化组织部门人才工作牵头抓总职能，吸收省直有关综合部门参与省人才工作领导小组办公室工作。

二是加强人才工作考核督导。进一步强化人才工作目标责任制考核，将考核结果作为领导班子和领导干部评价的重要依据；理顺党委、政府人才工作部门职责，将行业、领域人才队伍建设列入相关职能部门“三定”规定；全面落实各级人才工作领导小组成员单位人才工作述职报告制度，探索建立重点工作督办制度。

三是加强人口和人才发展问题研究。强化政府人才宏观管理、政策法规制定、公共服务、监督保障等职能；把人才发展作为国民经济与社会发展规划和年度计划重要内容；建立常态化的人口增长、人才发展形势分析研判制度；成立山东人才战略研究院，加强对人口问题和人才发展研究；探索建立第三方评估政府人才管理效能和人才政策绩效机制。

2. 建立完善精准化体系化的人才政策体系

一是建立“高精尖缺”精准引才机制。积极开辟“高精尖缺”人才引进专门渠道，开发网上人才需求精准对接平台，将省级重点人才工程（泰山系列人才工程、齐鲁系列人才工程）作为激励措施纳入精准引才机制；对引进国际一流或顶尖人才团队实行“特事特办、一人一策”，通过项目资助、创业扶持、贷款贴息等方式，加大对引进人才团队的综合资助，建立完善精细化服务保障机制。

二是加强对国外高层次人才引进力度。建立符合国际规则和管理的引才机制、政策和服务模式，制定离岸创新人才引进使用办法，支持用人单位“引进来”和“走出去”，在全球布局创新资源；组织实施“外专双百计划”，简化国外专家短期来我省工作办理程序，外籍专家创新创业活动、项目或奖项申请享受省内科研活动相同的政策支持。

三是创新技术技能人才培养模式。实施高技能人才“双特建设工程”，建设一批高技能人才培养特色名校和特色技能大师工作站；完善职业教育学历与职业资格证书“双证书”制度，落实职业教育“双师型”教师队伍建设政策；推进“技能兴鲁”职业技能大赛制度化建设；培育和传承“工匠精神”，不断提高技术技能人才经济待遇和社会地位。

四是加大青年人才引进力度。编制新旧动能转化青年英才引进目录，引进海内外创新能力强、有成为领域学术或技术带头人潜力的青年人才；实施博士后创新人才支持计划，鼓励支持博士后研究人员留鲁创新创业。

3. 加快促进产业优势和人才发展的深度融合

一是立足现有产业优势，抓紧拓展形成人才优势。充分利用我省现有的产业优势，按照“敲开核桃、一业一策”的思路，推动行业协同创新，集合优质资源，共同打造一批领军创新团队；加强行业领军企业与科研机构、高等院校深度合作，打造功能齐全的创新联合体。

二是加快人才优势向产业优势转化的进程。鼓励海洋、农业、机械制造等领域的高层次人才积极同企业合作，加快科研成果转移转化，形成新的产业竞争力。

三是以未来产业发展为导向，加快布局构造人才优势。对接国家未来围绕"深空、深海、深地、深蓝"构筑先发优势，瞄准我省产业技术突破方向，聚焦关键核心技术，布局高层次科技人才及团队，实现在关键环节或核心技术上的突破，抢占未来产业发展制高点。

4. 提升各类创新平台载体集聚人才的能力

一是大力实施"创新平台建设提升计划"，依托山东半岛自主创新示范区、黄河三角农高区、高新区、经济开发区、大学科技园，整合提升现有重点实验室、工程(技术)中心、企业技术中心创新功能，重点支持青岛国家海洋实验室、黄三角现代农业研究院等国字号大平台，更好地发挥集聚人才作用。加快推进中科院山东产业技术协同创新中心建设，支持山东工业研究院、量子研究院建设，带动引进大批高水平创新团队落户山东。

二是着力建设好一流大学和一流学科。重点支持山东大学、中国海洋大学、中国石油大学(华东)等驻鲁部属高校"双一流"建设工程，支持若干省属重点高校争创国内一流；整合部分省科研院所、高等院校等优势教育科研资源，借力国家级、省级等人才团队支持计划，共同打造优势学科；围绕"双一流"建设，加快引进一批满足国家和省重大战略需求、具有国际一流水平的学科领军人才和创新团队。

三是做大做强新型研发机构。研究出台新型研发机构具体实施办法，积极开展先行试点，新建一批新型研发机构，推动科研机构和企业研发机构转型升级；推进企业与高校、科研院所深度合作协同创新，构建新型研发组织模式，升级为新型研发机构，并引导人才、技术和资金等创新资源向新型研发机构集聚。

5. 提供更加良好的服务保障和人才发展环境

一是完善更具人性化的高层次人才服务制度保障。做好雪中送炭工作，针对高龄两院院士，研究提出与其工作生活需求相适应的用车保障措施；区别给予科研人员办公用房待遇；根据国际科技合作交流特点，完善高层次科技人才出国管理制度；针对海外高层次科技人才，逐步赋予他们在科研项目申报、科研成果评奖、出行住宿等方面的国民待遇，给予更多的文化尊重。

二是提供国际化便利化的生活环境保障。规划建设与人才发展需求相适应的人才公寓与人才小区，健全完善高层次科技人才医疗保健制度，切实帮助解决住房、就医、社保、子女教育等生活问题；建设国际学校、国际医院，建立国际化的工作生活环境；加快人才公共服务信息化，搭建统一高效的服务平台，为高层次科技人才提供"一站式"办结服务。

三是做好人才表彰和典型宣传工作。设立"齐鲁突出贡献奖"、"齐鲁创新功勋奖"等奖项，激励创新成果丰硕、社会贡献突出的科技人才，进一步加强对优秀高层次科技人才的政治关心；鼓励社会力量打造公信力强、影响力大的人才奖励品牌。充分利用新闻媒体、自媒体、互联网等现代化的宣传推广手段，大力宣传人才创新创业的先进典型，努力营造尊贤重才、勇于创新、鼓励成功、宽容失败的良好氛围。

三、加强山东省高层次科技人才队伍建设的调研报告

实施创新驱动发展战略，人才是第一资源，关键是建设一支规模宏大、结构合理、素质优良的创新人才队伍。2016 年，根据省重大课题调研工作安排，课题组组织开展了“加强我省高层次科技人才队伍建设”专题调研，具体报告如下：

（一）我省高层次科技人才队伍建设的主要做法和成效

高层次科技人才，通常是以院士、国家海外引才特殊计划专家、“万人计划”专家等为代表，在所从事的科技领域有较深造诣、较高威望，或者能够研发、掌握关键技术的领军型人才，是科技人才中的核心力量，很大程度上影响一个国家或者地区的核心竞争力。我省经济总量较大，产业门类齐全，但结构层次偏重，传统产业较多，促进经济转型升级、产业结构调整、经济社会持续健康发展，都需要科技创新提供动力，需要人才特别是高层次科技人才来支撑。目前，我省已初步形成一支具有较强创新能力的高层次科技人才队伍，在经济文化强省建设中发挥了强力牵引、支撑保障作用。

1. 注重顶层设计工作推动，努力构建人才队伍建设工作新格局

山东人力资源丰富，人才规模总量较大，但高层次科技人才明显偏少。针对这些情况，我省将人才作为经济文化强省建设的重要支撑，把高层次科技人才建设摆到重要位置，纳入经济社会发展总体规划，构建省市县上下贯通的人才工作体系，形成了党管人才领

导体制和工作格局。省委、省政府明确提出了建设人才强省的战略目标，省第十次党代会确定了“打造高端人才聚集地”的目标任务，省有关部门研究出台《关于加强人才工作的意见》《关于深化提升泰山学者建设工程的意见》等一系列政策措施，还编制形成了《山东省中长期人才发展规划纲要》，明确高端引领、重点突破、整体开发的指导方针，优先培育和引进高层次科技人才。这些年来，全社会的人才观念、人才发展环境等发生了三个明显变化。

一是在人才发展理念上，由偏重短期经济效益向重视人才开发厚植长远发展优势上转变，人才是第一资源、抓人才就是抓发展、谋发展关键在人才的观念深入人心，并逐步成为自觉行动。

二是在人才发展政策上，由“碎片化”向系统化转变，围绕人才培养引进、管理使用、知识产权保护和评价激励等，基本形成较完备的政策体系，为高层次科技人才发展提供了政策保障。

三是在人才工作领导上，由主要依托职能部门抓人才，向党委统一领导、政府部门各司其职协调配合、社会力量广泛参与的“大人才”领导模式转变，形成了良好的人才工作氛围。这些变化必将对山东人才队伍建设乃至整个经济社会发展产生深远意义。

2. 注重壮大规模总量，努力提高人才队伍的综合实力和竞争力

针对高层次科技人才规模小、关键领域高端人才紧缺、与发展需求不相适应的状况，我省坚持以重大工程和平台建设为着力点，统筹规划布局，搭建支撑载体，创新运行机制，开辟利用有效渠道，加快高层次科技人才资源聚集。

一是对接国家重大人才工程聚集人才。与国家海外引才特殊计划、“万人计划”等人才项目相配套，建设 1 处国家级引智实验区、3 个国家级引智基地，培养聚集了以于金明、吴立新、赵振东、王恩东等两院院士为代表的一批高层次科技人才。2016 年，全省驻鲁院士达到 44 名，国家海外引才特殊计划专家 174 名、“万人计划”专家 113 名。

二是打造人才工程品牌吸引人才。持续实施“泰山”系列人才工程，现已成为海内外知名品牌，以此为主阵地，吸引高层次科技人才前来创业。全省共有“泰山学者”957 名、“泰山产业领军人才”355 名。

三是建设重大创新平台容纳人才。把重大创新载体作为高层次科技人才的生长摇篮、聚集高地，建成的国家工程（技术）研究中心、企业国家重点实验室、企业国家技术中心数量均居全国首位，国家级科技企业孵化器数量居全国第二位，省级以上科技企业孵化器聚集各类创新创业人才 11 万多人。2015 年全省研发人员总数达到 44.7 万人，其中企业领域研发人员 35.4 万人。全省发明专利申请量和授权量分别是 2008 年的 6.8 倍和 9.1 倍。

四是以产学研合作形式开发人才。依靠深化改革建立新机制，推广运用多种产学研合作新模式，创办数量众多的产学研中心和院士工作站，转化科技成果、开发创新型人才。“十二五”期间，全省布局建设省级院士工作站 367 个，吸引 359 位院士及其团队 2 100 多人开展产学研合作，累计为我省企业开发出科技人才 5 000 多人。

五是以实施海洋科技战略行动培养人才。立足打好山东海洋资源、海洋科技等优势牌，实施蓝色产业领军人才团队支撑计划，着力培养高层次海洋科技创新人才。山东大学青岛校区建设新型的、与国际接轨的高水准教学基地，现已开始招生；青岛海洋科学与技术国家实验室发起实施海洋领域重大科技创新项目和国际大科学工程，打造居于世界前列的海洋科研中心。目前，我省已建成较为完善的海洋研究开发体系，拥有国家和省属涉海科研、教学等各类机构近 60 家，聚集两院院士 17 名，海洋科技人员 1 万多名，占全国的 50%以上，海洋科研实力居全国首位，保持了我省海洋领域的高层次人才和综合科研优势地位。

3. 注重服务战略导向，努力发挥人才队伍的牵引带动作用

我省始终坚持以服务重大发展战略为导向，按阶段、分步骤、有的放矢地推进高层次科技人才队伍建设。围绕省里先后提出实施的加快转方式调结构、提高发展质量效益、改造传统产业、深化供给侧结构性改革等重大战略性工作部署，及时跟进，千方百计创造条件，让高层次科技人才本身所具备的领军才能在各个方面充分展现出来。在高层次科技人才的领军带动下，全省涌现了一大批具有核心竞争力的标杆企业、知名品牌，新产业、新模式、新业态加快呈现。

一是领军突破了关键技术。利用自身的技术基础、研发特长或团队整体优势，着力进行研发攻关。2010 年以来，全省 65%以上的大中型企业都设立了技术研发机构，带动海洋石油半潜式钻井平台、高端容错计算机、纺织全流程自动化染色等领域实现了国际领先的重大技术突破，全省共获得国家自然科学奖和技术发明奖 38 项，企业牵头获得的国家科技进步一等奖数量居全国第一位。

二是领军创建知名品牌。浪潮集团培养院士团队，研发的服务器世界知名，全球销量第五、中国第一；潍柴集团全球布局人才链，形成“千名人才研发团队”，产品“生产一代、研发一代、储备一代”，重型发动机、变速箱等，全球叫响、畅销不衰；青啤、海尔被世界品牌实验室公布为具有世界影响力的品牌。我省仅工业领域就拥有中国驰名商标 523 件，数量居全国前列，山东省著名商标件、山东名牌分别达到 2 803 件和 1 670 个。

三是领军改造传统产业。传统产业企业注重依靠发挥领军人才作用推动转型升级，加快实现“腾笼换鸟、凤凰涅槃”，这方面的例子不胜枚举。康平纳公司原是一家传统纺织企业，通过跨界建设高层次科技人才团队，研发出“筒子纱数字化自动染色成套技术与装备”，一举实现由纺织业向智能装备制造业的跨越。如意集团凭借“如意纺”技术实现改造升级，打造出高附加值产业链，领跑我国同行业。在 2016 年国家公布的制造业“单项冠军”示范企业中，我省山东临工等 13 家企业入选，数量居全国首位。

四是领军壮大高端产业。“一个领军人才、带起一个创新团队、助推一个产业发展”成为近年来我省转型升级中的一种现象。比较典型的是机器人核心部件高端容错信息设备、小麦玉米良种培育、深海观测、大气污染防控治理较快实现了产业化，“问海计划”“智慧工场”、深远海养殖相继启动，“渤海粮仓”农业科技示范工程不断推进，正孕育形成新的产业增长点。目前，青岛数字家电、淄博新材料、东营石油装备、潍坊交通装备、济宁清洁能源5个创新型产业集群产值已达到千亿元规模，海洋生物、海洋装备等多个产业领先全国。支撑这些产业的主体是星罗棋布的企业，领办创办企业者多是高层次科技人才。

4. 注重体制机制创新，努力激发人才队伍的活力

人才，特别是高层次科技人才队伍建设水平高低，决定因素很多，关键是体制机制，出路在深化改革。相对于先进省市，山东科技人才长期以来的差距，一定程度上是市场化程度不够高、管理方法手段落后等体制机制上的差距。为此，围绕如何尽快增强高层次科技人才队伍建设活力问题，省委、省政府牢牢把改革抓在手上，不断在创新体制机制上进行有益探索。主要是在构建产学研合作新机制上，健全产学研用协同育人机制，在国内率先探索科研机构、大学、医院等不再分编制内外，保障和落实用人主体自主权，在提高科技成果转化上迈出了重要步伐。在创新人才评价、使用、流动、激励机制上，建立符合人才和岗位特点的评价方式，对科研经费管理实行“预算硬性化、市场配置化、使用透明化、监督规范化”的新模式，打通人才兼职和离岗创业的实际障碍，建立符合科技成果转化特点的职称评聘、岗位管理和考核评价制度。在人才工作的法治化建设上，着力强化法治思维，加强科技人才领域的法治化建设，强化知识产权创造运营和保护，完善了人才开发、评价、安全等方面的法律法规，以法治优化创新创业环境。在推进机制上，注重以重大改革试点带动体制机制创新，争取国家自主创新示范区落户山东半岛的国家高新区，黄河三角洲农业高新技术产业示范区获批设立，济南、青岛、潍坊等市争取了一批国家科技创新试点，设立了青岛西海岸、济莱协作区和济宁三个省级人才改革试验区。这一系列重要改革举措，有效破除了一些体制机制束缚，既有利于调动高层次科技人才创新创业的热情，也为整个队伍注入强大活力，奠定持续发展基础。

（二）高层次科技人才队伍建设面临的新环境、新问题

着眼长远发展，坚持问题导向，从更高的站位、更广的视角、更深的层次来研判，我省高层次科技人才队伍建设还存在着一些差距和薄弱环节，尤其是在当前国家宏观政策、科技发展大势、人才竞争格局等发生重要变化的环境条件下，遇到了不少新情况、新问题，概括起来，就是“四个不完全适应”。

1. 党中央加快推进创新发展和人才强国建设，对高层次科技人才队伍建设提出新要求，对此我们的观念认识、行为方式不完全适应

党的十八大以来，党中央高度重视创新发展、人才强国建设，提出要把高层次人才作为人才强国的战略重点，着力造就一大批能够把握世界科技大势、研判科技发展方向的战略科技人才，着力培养一大批善于凝聚力量、统筹协调的科技领军人才，并出台了一系列有影响力和带动性的重大举措，规划布局明确、重大政策推出、工作力度空前。可以说，中央的指向非常清晰，要求和部署非常到位，为我们实施创新驱动和人才强省指明了努力的方向、提供了重大政策机遇。但同中央的要求相比，我们有些方面还没有充分适应这些调整和变化，工作的主动性不够。具体表现是有些领导干部虽然认识到了创新驱动战略和人才建设对经济发展很重要，但对高层次科技人才的地位和作用的认识还不到位，缺乏紧迫感和机遇意识。个别地方和单位工作方式方法尚不适应新形势要求，有些好的政策落实不到位，布局政策的着力点还是放在比钱比待遇上。部分企业对高层次科技人才的核心竞争力作用仍然认识不足，有的片面看重眼前利益、短期效益，宁愿花大钱引进国外已过时的技术，也不愿花钱引进培养高层次科技人才；有的宁愿现用现找、急用“挖墙脚”，也不愿着眼长远储备高层次科技人才。社会层面尊重高层次科技人才的环境有待进一步形成，重视人才、培养人才的氛围需要进一步营造。这表明我们无论在思想认识、观念思路，还是在路径方法上，都与党

中央高层次科技人才建设的部署要求存在差距,需要认真研究、积极适应、加快跟上。

2. 适应引领经济发展新常态破解发展难题,对高层次科技人才队伍建设提出新需求,对此我们的人才规模、结构素质不完全适应

当前我省发展正面临动力转换、方式转变、发展转型的繁重任务,资源、环境和安全约束压力较大,要在全面建成小康社会进程中走在前列,必须坚持科技创新走在前列。创新驱动的实质是人才驱动,需要加快培育和引进一批处于国内外科技发展前沿、掌握核心技术、能够引领产业技术创新的高层次科技人才。调研发现,由于科技资源基础、国家教育布局、体制机制环境、财力支撑保障等制约影响,尽管我省高层次科技人才不论总量结构,还是与产业的契合度都有很大提升,但与几个走在前面的省市相比还有差距,不完全适应创新发展的需要。从规模看,我省人才总量较大,但科技创新领军人才数量偏少,两院院士总数不到广东、江苏的1/2,国家海外引才特殊计划专家入选总数居全国第8位。从科研能力和创新活力看,通常公认37～45岁是一个科学家创造活力最强的阶段,目前我省两院院士平均年龄75.1岁,70岁以下只有10人,处在创造高峰的领军人才数量偏少,缺少国家级、世界级科学家。从分布领域看,两院院士70%主要集中在海洋、机械、农业领域,而需要技术改造升级的化工、纺织、造纸等传统优势产业领域,能够引领产业智能化、高端化的领军人才还不多;新材料、新信息、节能环保、生物医药等战略性新兴产业的高层次科技人才尤为紧缺,影响这些产业做大做强。

3. 人才发展出现新趋势新特点,对高层次科技人才队伍建设提出新导向,对此我们的工作机制、运行模式不完全适应

促进科技创新和人才成长都要遵循其规律。目前,高层次科技人才引进、培养、组织、使用出现了一些新趋势新变化,需要积极调整工作机制和运行模式与之相适应。一是高层次科技人才围绕优势学科、战略平台扎堆的"马太效应"日益明显。如华中科技大学聚集全省21%两院院士，其中机械科学与工程学科聚集了6名两院院士。我省高水平大学和优势学科偏少。全省只有3所“985”“211”高校，省属高校没有一所进入亚洲300强，42个国家级重点学科中仅有6个一级重点学科，总数排在第14位。在创新平台方面我省具有诸如企业国家级创新平台位居首位的优势，但制造业骨干企业大多以单独研发为主，协同创新和开放合作不够，没能有效发挥聚集人才作用。二是高层次科技人才配置加速国际化，越来越多企业走出国门开发利用国际人才，从单纯“请进来”为主演变为面向全球整合吸纳。我省潍柴、海尔、歌尔声学等也在国外设立研发机构，但相关政策支持尚未配套。三是高层次科技人才流动开始由个体转移为主转向团队转移为主，以才引才以团队聚才的“滚雪球”效应越来越明显。我省实施了蓝色产业领军人才团队支撑计划，但涵盖范围需要进一步拓展，整体吸引力需要提升，全省实施创新团队引进还没有一个整体规划。四是新型研发机构立足打造创新共同体，正在成为聚集高层次领军人才的重要载体。目前，广东、江苏支持发展对象超过了百家，我省刚刚起步，应积极适应这些趋势变化，及时创新工作模式，转换目标重点，探索有效载体，加快聚集一批高层次科技人才，带动形成创新发展新格局。

4. 国内外人才竞争日趋激烈，对高层次人才队伍建设提出新挑战，对此我们的体制机制、环境条件不完全适应

高层次科技人才是当下最为紧缺的资源，近年来国内外人才竞争日趋激烈，围绕存量高层次科技人才的争夺愈演愈烈。从全球范围看，美国、欧盟、日本等国家和地区，纷纷采取立法修法、调整政策、放宽国籍、提供充沛经费支持等举措，大力吸引全球优秀人才。国内各省市紧跟国际人才流动大势，采取更具吸引力的政策措施，突破体制机制障碍，千方百计地面向海内外广揽人才。我省虽然也采取了一些创新性措施，但工作上的短板不容忽视。在人才制度上，我省一直不断破除人才体制机制障碍，取得了一些积极进展，但有些具体的、关键的方面还不到位。比如，保证高层次科技人才自主权、人才评价选拔等，步子迈得还不够大。再如，有些省市已经实行青年人才举荐制度，由举荐委员会推荐的青年科技人才可以直接认定为高层次人才，我省还没有这方面的制度安排。在物质保障和激励上，经费资助和支持力度还不够大，既存在重点不突出的情况，也有覆盖不全面的问题，还有使用效率不高的问题。在个性化服务上，针对高端人才的服务针对性不强、个性特点不突出。济南作为省会城市，目前没有一所国际学校，子女入学政策落实难，外籍人才乘车住宿等需要到公安机关开具证明，无法进行快捷的网上操作，山东部分其他城市差距更大。只有正视这些差距和不足，加快构建具有山东特点的政策服务体系，才能在激烈的人才竞争中占据主动。

（三）准确把握高层次科技人才队伍建设的着力点

无论是产业转型升级、发展教育事业，还是发展其他事业，人才都是第一资源，地位和作用不可替代。针对我省高层次科技人才队伍建设的短板和薄弱环节，要遵循科技创新和人才发展的趋势和规律，明确主攻方向，努力打造高层次科技人才队伍的新优势。

1. 着力打造一批高层次科技创新团队

在科技创新越来越依靠团队实现突破的情况下，科技团队具有的集聚科技要素、集体攻坚关键技术的作用已不可替代。相关单位必须积极把握这一科技创新的新趋势、新动态，瞄准我省未来创新发展方向，积极打造一批结构合理、创新能力强的高层次科技创新团队，抢占相应领域科学技术的制高点。一是以领军人才为核心建设稳定的科技创新团队。实施高层次科技人才团队建设工程，对两院院士、国家海外引才特殊计划和“万人计划”专家、泰山学者、泰山产业领军人才，因人施策制定团队建设方案，分别给予不同的帮助和支持；对在高校、科研院所从事基础研究的高层次科技人才，支持其自主选择核心成员，省里给予团队经费支持；对从事应用技术研究的高层次科技人才，在项目经费列支上研究采取新政策。二是引进一批高层次科技创新团队。立足我省传统产业转型升级和战略性新兴产业发展需要,有针对性地引进一批具有世界一流或国际先进水平、能够突破关键技术的创新团队,以“团队+项目”方式给予资助;对引进的国家海外引才特殊计划专家,给予建设经费支持,进入事业单位的编制岗位和薪酬待遇实行一事一议,帮助其快速组建起创新团队。三是打造高层次平台聚合创新团队。大力实施“创新平台建设提升计划”,依托山东半岛自主创新示范区、黄三角农高区、高新区、经济开发区、大学科技园,整合提升现有的重点实验室、工程(技术)中心、企业技术中心创新功能,重点支持青岛国家海洋实验室、黄三角现代农业研究院等国字号大平台更好地发挥作用;加快推进中科院山东产业技术协同创新中心建设,支持山东工业研究院、量子研究院建设,带动引进大批高水平创新团队落户山东,整体提升全省创新能力。

2. 着力建设好一流大学和一流学科

去年国家就建设世界一流大学和一流学科作出部署,我省把“双一流”建设作为深化高等教育综合改革的重要内容,研究制定了详细工作方案;要结合“双一流”建设,力争形成一批高水平学术团队、构建一批高水平创新平台、产出一批高水平科研成果、培养一批高素质创新人才。这既是现实紧迫需要,也是事关山东长远发展的大计。一是把握工作重点。重点支持山东大学、中国海洋大学、中国石油大学(华东)、哈工大(威海)等驻鲁部属高校进入国家“双一流”建设工程,支持若干省属重点高校争创国内一流;对接国际标准,以服务创新驱动发展战略和我省重大战略需求为导向,重点发展农业科学、材料科学、化学、生物及生物化学、工程学等学科,着力培植一批新兴学科、交叉学科;力争到2020年我省高校有1～2所大学进入世界一流;到2030年,争取有更多学科进入世界一流行列,10个左右学科进入基本科学指标数据库(ESI)学科排名前1%;1～2所大学进入世界高校500强。二是集中整合资源。整合部分省属科研院所和高校教育科研资源,实施泰山学者系列人才计划、青年人才成长计划以及优势特色学科人才团队支持计划，加快培养和引进一批活跃在国际学术前沿、满足国家和省重大战略需求的学科领军人物及团队；鼓励支持有条件的科研院所直接转入大学体系，或联合组建产业技术研究院，汇集优势教育科研资源，共同打造学科优势。三是完善协同育人机制。促进高校学科发展与行业企业、科研院所和国内外高校协同协作，促进不同学科间的相互渗透、交叉融合，构造新的特色学科增长点；探索建立人才团队、科研项目、基地平台、成果转化一体化协同发展的科技创新机制，将科技资源优势转化为经济社会发展和人才培养优势。四是深化国际合作。支持中国农业大学与荷兰格罗宁根大学合作建设烟台格罗宁根大学，鼓励有条件的市加强与海内外名校合作建设分校或特色学院，快速汇集一批高水平大学和学科；支持高校与海外高水平大学合作开展科技攻关，引进高层次科技人才与优质教育资源，在开放合作中提升我省创新能力。

3. 着力做大做强新型研发机构

从当前各省市研发主体运行情况来看，新型研发机构能够更好地顺应市场规律，具有较强的活力，依托这一平台的大批科技人才已成为创新驱动的生力军。我省主要动作为：加快培育一批投资主体多元化、运行机制市场化、管理制度现代化、产学研紧密结合的新型研发机构，广泛汇集高层次创新人才，打造创新驱动的新动力。一是支持新建一批新型研发机构。研究出台具体实施办法，明确新型研发机构的法律地位，完善政府支持和引导措施，通过先行试点尽快推出典型作出示范，带动全省新型研发机构建设。二是推动科研机构转型升级。与深化科研院所分类改革结合起来，引导科研院所强化市场需求导向，按市场规律建立运行激励机制，加快转型为新型研发机构。鼓励省科研院所先行先试，充分赋予其自主权，推动有条件的研究所向新型研发机构转型。支持开展创新工程，加快探索新型科技组织治理模式。三是鼓励企业研发机构转型升级。实施企业研发中心升级计划，鼓励166家国家级企业技术中心和

1427家省级企业技术中心，与高校、科研院所深度合作协同创新，构建新型研发组织模式，升级为新型研发机构。四是支持新型研发机构为主建设高水平创新平台。推动创新资源向新型研发机构集聚，搭建一批技术先进、设施完备、机制灵活的载体平台，让高层次科技人才拥有广阔自由的创新舞台。

4. 着力整合配置国际高层次科技人才

以"一带一路"建设、构建开放型经济新体制为新契机，更加积极地融入全球创新网络，探索建立与国际接轨的引才用才模式，整合全球智力资源为我所用。一是做好国际并购的文章。着眼于增强企业核心竞争力，把整合利用海外智力作为"走出去"的重要内容，支持引导有条件的企业重点面向美国、德国、法国、英国、奥地利、瑞士等欧美发达国家，加强对海外高水平研发机构的并购，加快布局建设海外研发机构，以便绕过各种壁垒和障碍，就地配置高层次科技人才，有效利用境外科研条件和创新环境进行研发。二是做好离岸创新基地建设的文章。探索采用"境内注册、海内外经营"的离岸模式，建设一批具有引才引智、创业孵化、专业服务保障等功能的国际化离岸创新创业平台，探索与国际接轨的柔性引进人才机制，打造若干具有国际影响力的海外人才离岸创新创业基地。三是做好打包引才的文章。鼓励国际知名高校、科研机构、跨国公司来我省建立研发中心、科技孵化器，打包带来高层次科技人才和先进管理模式，其高层次人才经过认定可享受国内人才同等政策待遇。四是做好国际科教合作的文章。支持我省企业、高校、科研院所以项目为纽带，与国外高校、科研机构联合创新，共建国际科技合作基地。支持省科学院打造国际科技创新合作平台，重点面向俄罗斯、乌克兰等国家和澳洲引进人才及团队；鼓励省农科院、省医科院、青岛国家海洋科学研究中心等深化国际交流，拓展与海外高层次科研团队的合作；用好访问学者和外国专家制度，创造更好科研工作条件，吸引海外高层次科技人才来我省开展学术交流、合作研究、协同创新等活动。

5. 着力推动人才与产业优势相互转化

高层次科技人才只有最终融入经济主战场，与产业振兴和发展紧密结合、相互支撑，才能使人才和产业优势转化为发展优势。基于这样一种认识，应认真分析研究两者的结合点，统筹部署产业链、创新链和人才链，推动形成以产业集聚人才、以人才兴产业的良好局面。一要立足现有产业优势，抓紧拓展形成人才优势。我省现代农业、装备制造、医药、家电、纺织服装、造纸、轮胎、石化、建材等产业竞争力较强，也聚集了相当规模的科技人才，按照“敲开核桃、一业一策”的思路，推动行业协同创新，集合优质资源，共同打造一批领军创新团队；推动行业领军企业与科研机构、高等院校合作，如鼓励浪潮集团与省科学院、山东大学深度合作，打造融技术研发、产品设计、人才培养等功能为一体的创新联合体，在放大产业优势的同时拓展人才优势。二要围绕现有人才优势，抓紧转化成为产业优势。我省在海洋、农业、机械制造等领域聚集了大批高层次科技人才，也形成了丰富的科研成果；要鼓励他们积极与企业合作，将科研成果尽快转化为创新产品，培育形成新的产业竞争力。三要瞄准未来产业发展，抓紧布局构造人才优势；瞄准我省重点发展的新一代信息技术设备、航空航天装备、海洋工程装备及高技术船舶、轨道交通装备、节能与新能源汽车新材料、生物医药及高性能医疗器械等十大高端产业，聚焦其关键核心技术，抓紧引进培育高层次科技人才，组建团队集中研发突破；对接国家未来围绕“深空、深海、深地、深蓝”构筑先发优势，选准我省产业技术突破方向，在量子通信和量子计算机、脑科学、智能制造和机器人、重点新材料等领域，提前布局高层次科技人才及团队，争取在关键环节或核心技术上获得突破，抢占未来产业发展制高点

6. 着力优化高层次科技人才政策待遇

按照“人无我有、人有我优”的思路，放长眼光，研究出台更具针对性的政策措施，强化特色，优化待遇，为高层次科技人才提供优质的生活、工作、科研等支撑条件。一是增强人才政策适用性。搞好

雪中送炭，高层次科技人才需要什么就提供什么。譬如针对高龄两院院士，研究提出与其工作生活需求相适应的用车保障措施；针对科研工作特点，对科研人员办公用房给予区别待遇；根据国际科技合作交流特点，完善高层次科技人才出国管理制度；针对海外高层次科技人才，逐步赋予他们在科研项目申报、科研成果评奖、出行住宿等方面的国民待遇，给予更多的文化上的尊重。二是适当提高高层次科技人才津贴。财富创造者理应成为财富享有者。人社部门与财政部门应根据我省经济社会发展情况提出方案，适当提高两院院士、“泰山学者”“泰山产业领军人才”津贴，确保高层次科技人才的收入与其自身价值和贡献相匹配。三是分类保障高层次科技人才科研经费。对从事基础研究的战略科学家，允许其自主选择科研方向，提出长期研究计划，所需经费给予支持；对新引进的高层次科技人才，一次性给予更为符合实际的工作经费支持。对院士后备人才、柔性引进的海外专家也应给予适当的资助；可考虑实施博士后创新人才支持计划，鼓励支持博士后研究人员留鲁创新创业。四是切实帮助解决住房就医、社保、子女教育等生活问题。抓紧规划建设与人才发展需求相适应的人才公寓或人才小区，支持各市建设提升国际学校、国际医院；健全完善高层次科技人才医疗保健制度；加快人才公共服务信息化，搭建统一高效的服务平台，为高层次科技人才提供“一站式”办结服务。

（四）进一步优化高层次科技人才发展的环境和社会生态

高层次科技人才十分看重生长环境和创新生态，要把优化创新创业生态环境作为重要抓手和努力方向，让人才有舞台、有地位、有待遇、有荣誉，不断增强高层次科技人才的心灵归属感、社会认同感和工作自豪感。

1. 加强和完善对高层次科技人才工作的组织领导

全省各级各部门要进一步深化对“创新是第一动力”“人才是第一资源”的认识，充分认识高层次科技人才对我省在全面建成小康社会进程走在前列、加快建设经济文化强省的极端重要性，把高层次科技人才队伍工作放在更加重要的位置。各级领导干部要遵循科技人才培育成长规律，改进工作方式方法，提高推动高层次科技人才工作的专业思维、专业素养和专业能力。完善考核评估体系，加大高层次科技人才在综合考核中的权重，树立鲜明的导向。进一步健全投入保障机制，完善高层次科技人才培养引进等方面的政策和资金支持力度，确保人才引得进、留得住、用得好。

2. 切实破除制约高层次科技人才创新创造的各种束缚

坚定不移地推进人才领域改革，落实好我省已经出台的关于人才发展体制机制和科技体制改革的实施意见，在改革科技资源配置和管理、优化整合全省科技资源，改革财政科技资金使用方式、激发科研人员积极性，改革科研管理体制、增强高校院所源头创新能力等方面，大胆探索，集中攻坚，最大限度地释放科技人才创新活力。要加大对科技领军人才的全方位支持，充分尊重和信任他们，让他们有职有权，赋予其更大的资源调动权。

3. 建立符合高层次科技人才特点的评价激励机制

评价激励是人才工作中的关键一环。要注重运用我省这方面的成功经验，进一步树立科学客观公正导向，突出品德、能力、业绩，分类提出指标体系，积极引入第三方专业机构参与，进行多元化评价。提高科研活动的智力成本比重，加大股权期权、分红等激励，充分调动人才创造积极性。完善政府人才荣誉制度，对创新成果丰硕、社会贡献突出的，考虑授予“齐鲁突出贡献奖”和“齐鲁创新功勋奖”，纳入党委、政府联系专家范围。加大政治上的关心，推荐优秀高层次科技人才担任各级党代会代表、人代会代表和政协委员，注意在高层次科技人才中发展党员、评选劳动模范，让他们拥有更多的荣誉感、获得感。

4. 营造尊重人才崇尚创新的社会环境

良好的社会环境是高层次科技人才赖以生存、成长和发挥作用的土壤，要积极探索构建鼓励创新、宽容失败的制度环境，允许科技创新活动有失败、有挫折，对出现的失误不求全责备、不急功近利，让他们在工作中充分敢闯、敢试、敢为天下先。建设保护创新的法治环境，加快科技创新领域的立法进程，健全知识产权快速维权援助体系，严厉打击侵权假冒行为。加强典型宣传，宣传科技人才爱岗敬业、无私奉献的感人事迹，在全社会进一步营造理解支持高层次科技人才创新创造的良好氛围。

四、进一步完善山东省引才留才用才机制的对策与建议

2017 年，《山东省引才留才用才机制优化研究》课题组基于前期研究成果，提出“进一步完善我省引才留才用才机制的对策与建议”，被山东省科协采用，并报送省委、省政府相关部门。

(一)基本情况

省委、省政府高度重视人才工作，近年来先后出台了《山东省“十三五”人才发展规划》《关于深化人才发展体制机制改革的实施意见》及一系列政策文件，积极创新人才政策和体制机制，统筹推进各类人才队伍建设，大力实施重大人才工程，人才强省建设成效显著。

2017 年，全省人口总量为 9 847 万，占全国人口比重为 7.161%，2016 年人口自然增长率排名位列全国各省市榜首。全省人才资源总量 1 477 万人，每万人中的人才数量达 1 500 人，人才资源总量位居全国前列，比 2010 年增长 51.5%。高层次人才队伍不断壮大，住鲁院士 39 人，国家海外引才特殊计划专家 148 人，国家“万人计划”专家 39 人。人才学历结构不断优化，党政人才、企业经营管理人才和专业技术人才中具有研究生学历的近 3%。高校毕业生倾向于留鲁就业，近五年我省高校共培养非师范类毕业生 248.5 万人，留鲁就业率达到 46.17%，高于东北三省的 30%左右。我省人才主要集中于装备制造、能源资源、农业科技、社会工作、科技、金融

财会、新材料、信息等重点领域，有力地支撑了我省经济社会发展。

（二）存在的问题

虽然我省人才资源在全国范围内拥有不错的基础和优势，但在引才、留才、用才等方面存在一些问题，具体表现如下：

一是人才外流现象开始显现。虽然我省总人口数量稳步增长，但与东北三省相似，我省优秀人才外流现象一定程度上存在。2016年我省人才净流入占比在华东地区排名第五，为－4.99%，也就是说，流失的人才数量大于流入的人才数量。高层次人才外流现象日益突出。我省自2008年国家实施海外引才特殊计划以来，引进外省国家海外引才特殊计划专家10位，流动到省外的有8位。调查问卷显示，流失的人才中，理工和医学人才占八成，主要流向京、沪、苏、浙、等省市区。人才外流原因和东北三省有些相似，主要是工资低、缺乏事业平台和缺乏团队。

二是人才结构性矛盾仍然存在。在人才层次上，我省科技人员总量大，高精尖缺人才缺口不小；在产业结构上，传统产业人才较多，现代金融、现代物流、信息服务和商务服务等服务业人才相对不足；在专业结构上，自然科学类人才较多，工程技术、社会事业类人才相对不足；在分布结构上，大多数集中于高校、科研院所等机关事业单位；在区域结构上，85%的高层次人才集中于济南、青岛两市，“两区一圈一带”其他城市、基层单位和中小企业人才相对不足。

三是高层次和青年科技人才引进和储备不足。高层次人才比较缺少，我省国家海外引才特殊计划专家174人，仅为江苏的1/4、浙江的1/3；优秀青年科技人才储备不足，截至2016年年底，我省有国家杰青72人，为江苏的1/4、湖北的2/5、浙江的4/7；国家海外引才特殊计划青年专家33人，仅为江苏的1/7、湖北的1/5、浙江的1/4；万人青年拔尖人才10人，仅为湖北、江苏的1/4，浙江的1/3。全社会研发人员数量较少，我省每万名就业人员中R&D人员数仅为48人年，分别低于江苏、浙江和广东的123人年、105人年和85人年。

四是人才发展环境有待优化完善。文化方面，山东受“中庸”文化影响较深，思想也相对保守，创新意识不强；同时，山东也是一个重人情、重关系的地方，一些地方不同程度地存在“近亲聚集”的现象。生活方面，海外人才及家属子女来到山东缺乏“类国际化”的工作生活环境，省会济南至今没有国际学校、国际医院。平台载体方面，“双一流”大学和学科偏少，创新平台聚集人才的作用未能充分发挥，新型研发机构建设刚刚起步，缺乏吸引和留住高层次人才的平台。体制机制方面，用人单位引才留才用才的主体作用发挥不够，政府对人才引进的市场行为干预过多，没有充分运用市场竞争的杠杆吸引人才、运用人才、储备人才。

（三）对策建议

1. 加强人才发展问题的战略性研究

在强化政府人才宏观管理、政策法规制定、公共服务与监督保障等职能的同时，依托省人才发展促进会，整合我省智库、协会以及高校院所等人才发展研究力量，建立常态化的人口增长和经济社会发展、人才发展和产业发展的综合分析与专题研判工作机制。探索建立第三方评估政府人才管理效能和人才政策绩效机制。

进一步加强人才流动监测预警分析，区分正常的人才流动和非正常的人才外流，对出现人才外流苗头和现象的地区及行业单位及时进行监测预警、分析研究并加以应对，防止出现人才外流的“破窗效应”。

2. 建立更加精准化、体系化的人才引进体系

一是建立“高精尖缺”精准引才工作机制。研究制定我省引进人才的“特事特办”相关政策，积极拓宽“高精尖缺”人才引进专门渠道，充分发挥“海洽会”和“人才山东”线下线上平台作用，打造海内外人才创新创业需求精准对接网上平台，将省级重点人才工程（泰山系列人才工程、齐鲁系列人才工程）以激励措施作为精准引进高层次创新创业人才的重要抓手；尤其是进一步完善加强对引进国际一流或顶尖人才团队实行“特事特办、一人一策”的新机制，继续推进“省重点企业引才计划”，力求我省在引进院士或国家级战略科学家方面取得新突破。

二是持续完善更加体系化的人才引进政策。加强省人才工作领导小组的全省人才宏观指导、综合协调作用，紧密围绕我省新旧动能转换“10＋2”重大工程的人才需求，通过与江苏、浙江、广东和上海等人才引进范畴与政策体系比较，加强项目计划、财政资金、人社保障、教育医疗等支持人才引进政策的精准化聚焦；通过项目资助、创业扶持、贷款贴息、配套服务等方式，完善我省对引进人才团队的优惠政策体系，不断提升我省对海内外人才的吸引力。

三是加强对海内外高层次人才引进力度。建立符合国际规则和管理的引才机制、政策和服务模式，制定离岸创新人才引进使用办法，支持用人单位“引进来”和“走出去”，在全球布局创新资源；组织实施“外专双百计划”，简化国外专家短期来我省工作办理程序，外籍专家创新创业活动、项目或奖项申请享受省内科研活动相同的政策支持。

3. 建立更加科学有效的人才发挥作用机制

一是着力优化我省产业结构，实现人才对新旧动能转换的关键支撑作用。围绕新信息技术、高端装备制造、新能源原材料、医养健康、绿色化工等十大产业，按照“敲开核桃、一业一策”的思路，放眼全球，集成整合国内外高层次人才优质资源，对标国内，绘制我省人才产业创新路线图，加强行业领军企业与科研机构、高等院校深度协同创新，打造一批产业领军人才创新团队，推动产业向高端化发展。

二是推进我省高校“双一流”建设，为科研人才的创新创业提供更加广阔的舞台。围绕“双一流”建设，加快引进一批满足国家和省重大战略需求，积极支持山东大学、中国海洋大学、中国石油大学(华东)等驻鲁部属高校“双一流”建设工程，支持若干省属重点高校争创国内一流，尤其是重点支持新整合的齐鲁工业大学(山东省科学院)、山东第一医科大学,建立科教融合新模式,探索新工科大学的新体制机制,引进培育具有国际一流水平的学科领军人才和创新团队,成为我省新旧动能转换的人才策源地。

三是推进新型创新载体建设,为人才创新创业提供平台支撑。大力推进我省国家级创新平台建设,尤其是要重点支持青岛国家海洋实验室、黄三角现代农业研究院等国字号大平台,参照浙江之江实验室、上海张江实验室的新模式、新机制、新政策,以引进用好国际顶尖人才团队为人才管理改革重点,打造山东省国家级战略科技力量;加快推进中科院山东产业技术协同创新中心建设,着力支持山东工业技术研究院、量子研究院等一批新型研发组织平台建设,带动引进大批高水平创新团队落户山东,促进重大原创性成果涌现。

四是深化科技体制改革,为人才创新成果的转移转化提供有力支撑。建立高校院所科技成果转化绩效考核评估机制,推动我省省属高校院所贯彻落实《科技成果转化条例》,允许高层次人才到企业兼职、全职或离岗创业创新,为推动高层次人才的科研成果转移转化,培育产业发展新动能,加快提升新常态下我省产业竞争力提供有力支撑。

4. 完善更加人性化、专业化的人才服务环境

一是完善更具人性化的高层次人才服务机制。做好"雪中送炭"工作,针对两院院士和我省著名科学家(国家杰青、长江学者、省科技特等奖获得者)群体,研究提出与其工作生活需求相适应的用车保障措施,提供"保姆式"服务,并区别给予科研人员办公用房待遇;根据国际科技合作交流特点,完善高层次科技人才出国管理制度;针对海外高层次科技人才,逐步赋予他们在科研项目申报、科研成果评奖、出行住宿等方面的国民待遇,给予更多的文化尊重;加快人才公共服务信息化,加强人才山东网、省人才发展促进会等服务载体建设,为高层次科技人才提供"一站式"人才政策服务。

二是提供国际化、专业化的人才生活服务保障,规划建设与人才成长规律、需求相适应的人才公寓与人才社区，健全完善高层次科技人才医疗保健制度，切实解决其住房、就医、社保、子女教育等生活问题；试点建设国际学校、国际医院、国际社区，建立国际化的工作生活环境；大力推动人力资源服务业发展，建立人力资源服务业发展引导基金，构建专业化、标准化、信息化的人力资源服务体系。引进国内外知名的人才猎头公司，加快人力资源服务产业园建设，推进行业规模化、专业化、品牌化发展。

三是做好人才表彰和典型宣传工作。设立“齐鲁突出贡献奖”“齐鲁创新功勋奖”等奖项，激励创新成果丰硕、社会贡献突出的科技人才，进一步加强对优秀高层次科技人才的政治关心；鼓励社会力量打造公信力强、影响力大的人才奖励品牌；充分利用新闻媒体、自媒体、互联网等现代化的宣传推广手段，大力宣传人才创新创业的先进典型，努力营造尊贤重才、勇于创新、鼓励成功、宽容失败的良好社会氛围。

创新政策篇

一、山东省大众创业万众创新政策落实情况调研报告

为推动大众创业万众创新，我省相继出台了一系列改革政策措施。这些政策措施落实情况如何？收到哪些成效？落实过程中有哪些新情况？带着这些问题，2016 年《山东省"双创"政策落实情况研究》课题组先后到省直有关部门和青岛、潍坊、聊城、菏泽等市进行了调研，现将有关情况报告如下：

（一）改革措施密集出台，大众创业政策扶持力度空前

省委、省政府着眼于"创造国内领先的营商环境"，以前所未有的力度推进改革，支持各类市场主体创新创业。

1. 转变政府职能

一是深化简政放权。全省共取消或下放 230 余项行政审批项目，大幅压缩审批事项；转变市场监管方式，由年检变年报，减少对市场主体的行政干预；构建市场主体信用信息公示平台，建立经营异常目录和"黑名单"信用约束机制。二是优化行政审批服务。全省 17 个地市都建立了市级政务服务中心，各部门行政审批事项实行集中进驻、联合办公，实现"一站式""一条龙"服务。三是清理和规范涉企收费。自 2015 年起，全省对小微企业免征 42 项行政事业性收费和 5 项政府性基金收费，每年可减轻企业负担约 20 亿元。

2. 降低市场门槛

一是推行"先照后证"审批制度。先后对 148 项工商登记前置

审批调整或明确为后置审批的事项逐一梳理，一律不再作为工商登记前置条件。二是放宽注册资本登记限制。实施注册资金认缴制，取消注册资本限制，允许股东自主约定认缴出资额。三是简化企业住所登记条件。取消企业住所（经营场所）诸多限制，允许企业凭租赁合同办理注册登记，允许企业“一址多照”和“一照多址”。

3. 加强财税扶持

一是落实小微企业税收减免政策。2015 年上半年，全省享受暂免征收增值税、免征营业税、减半征收企业所得税优惠政策的小微企业分别为 97 万户、56.6 万户、19.15 万户，减免征收税额 13.32 亿元、6.17 亿元、5.39 亿元。二是实施创业就业补贴政策。2015 年，共安排创业带动就业扶持资金 12 亿元，支持一次性创业补贴、创业孵化基地奖补、大学生创业引领计划、创业培训补贴和就业岗位补贴等政策，促进全省创业带动就业。三是设立各类政府引导基金。到 2015 年，全省已设立融资性担保机构股权投资、科技成果转化、天使投资、信息产业发展、新兴产业创业投资等 17 支政府性引导基金，资金规模 28.8 亿元，通过市场化、专业化运作，撬动社会资本参与创新创业。四是建立小微企业风险补偿机制。设立小微企业贷款风险补偿资金，对金融机构向小微企业发放的流动资金贷款，给予贷款本金 30%的损失补偿；开展小额贷款保证保险补贴试点，对符合条件的小微企业，各级财政按保费总额的 30%给予补贴，有效化解小微企业融资难和金融风险问题。

4. 创新公共服务

一是加强创业培训载体建设。出台《关于在全省创建创业大学的指导意见》，支持各市创建创业大学，开展面向各类群体的创业培训实训。目前，青岛、潍坊、聊城等 10 个地市已建成各具特色的创业大学。2014 年，全省累计创业培训 21 万人。二是加强创业孵化平台建设。出台《山东省实施创业孵化基地和创业园项目管理办法》，目前，全省已建成创业孵化基地 630 个、省级创业孵化示范基地和创业示范园区 63 个、综合性普惠型的省级创业示范平台 23 个。

三是加强融资服务平台建设。组建省再担保集团,注册资金 11.91 亿元,面向中小企业提供融资性再担保业务;顺利完成齐鲁股权交易中心公司制改造,创新拓展了私募股权、股权质押、股权众筹等多种融资渠道。在国内同类市场率先设立了“众筹服务平台”和“众创板”,搭建科技型中小微企业与社会资本、天使投资对接平台;创建青岛蓝海股权交易中心,推出中小企业股权交易、财富管理产品交易和“信蓝筹”互联网融资平台。四是加强中介市场建设。出台《关于规范省直部门行政审批中介服务的通知》,实行中介服务清单管理,放开中介服务市场,推进中介服务机构与政府部门脱钩,加强中介服务监管。

(二)社会创新创业热情高涨,各类市场主体快速发展

在改革措施的推动下,市场主体发展趋势产生了许多积极变化:

1. 市场主体户数增速居全国前列

从实有规模看,到 2015 年 6 月底,实有市场主体达到 537.4 万户,同比增长 19.7%,比全国平均水平高出 4.0 个百分点,每万人拥有市场主体 549 户。从新增数量看,上半年全省新登记市场主体 52.7 万户,同比增长 22.5%,增速超过江苏、广东、浙江,比全国平均水平高了 7.1 个百分点。全省平均每天约登记市场主体 2 928 户,比去年同期多登记 538 户。从注册资本(金)看,上半年全省新登记市场主体注册资本(金)6 587.8 亿元,期末实有市场主体注册资本(金)76 126.0 亿元,同比分别增长 28.6%和 33.2%。

2. 产业结构进一步优化

到 2015 年 6 月底,第一、二、三产业实有市场主体分别为 28.3 万户、60.9 万户、448.1 万户,同比分别增长 26.2%、9%、31%。其中,第三产业增幅居各产业之首,教育、文化体育娱乐业、信息传输软件和信息技术服务业等新兴产业新登记户数呈现倍增现象,同比分别增长 186.7%、149.5%、101%。全省第一、二、三产业市场主体

结构由去年同期的 5∶12.5∶82.5 调整为 5.3∶11.3∶83.4；注册资本（金）结构由去年同期的 6.6∶38.9∶54.5 调整为 6.9∶36.3∶56.8，产业结构趋向优化。

3. 民营经济成为市场主力支撑

从新增规模看，2015 年上半年全省新登记民营经济市场主体 52.3 万户，注册资本（金）5 815.0 亿元，同比分别增长 22.6%和 38.6%，分别占新登记市场主体总量的 99.2%和 88.3%。从实有规模看，到 6 月底全省实有民营经济市场主体 522.0 万户，注册资本（金）49012.2 亿元，同比增长分别 20.3%和 48.4%，占各类市场主体总量的比重分别为 97.1%和 64.4%。其中，实有个体工商户 396.4 万户、私营企业 111.3 万户、农民专业合作社 14.2 万户，同比分别增长 18.0%、29.2%、21.9%，农民专业合作社数量仍居全国首位。

4. 内资企业、外商投资企业发展稳中向好

2015 年上半年，全省新登记内资（非私营）企业和外商投资企业分别为 3 331 户和 955 户，同比分别增长 14.1%和 7.4%；到 6 月底全省实有内资企业和外商投资企业分别为 12.7 万户和 2.7 万户，同比分别增长 1.4%和 4.0%；实有内资企业和外商投资企业注册资本（金）分别为 19 715.3 亿元和 1 193.3 亿美元，同比分别增长 12.3%和 12.4%，户均注册资本（金）分别为 1 546.6 万元和 448.1 万美元，同比分别增长 10.8%和 8.0%。

（三）实践中出现的新情况新问题

尽管我省推动大众创业万众创新取得明显成效，但与先进省市相比仍然存在差距，同时也出现了一些新的情况：一是市场主体虽然增速较快但总量仍低于苏、浙、粤。到 2015 年 6 月底，我省每万人拥有市场主体 549 户，低于广东的 673 户、江苏的 703 户和浙江的 801 户。我省市场主体注册资本（金）数量仅相当于广东的 50.4%、江苏的 55%和浙江的 61.5%。二是部分新增市场主体成长性差。

有的新注册市场主体没有开展经营活动，有的注册不久就注销。青岛今年一季度新登记市场主体近5万户，但总量却比去年底减少近7万户。据青岛对1 000家新增市场主体的抽样调查，开业经营的占71%，29%反映濒临倒闭。三是新增市场主体中个体工商户占比偏高，整体实力不强。上半年，我省个体工商户发展明显快于企业，新登记户数同比增长31.1%，占新登记市场主体总量的71.5%，增速比全国高15.2%，占比高于全国2.5%，而广东和江苏个体工商户发展速度明显放缓，但企业增速分别高于我省15个和20个百分点。四是区域发展不平衡。上半年，青岛、济南、潍坊、烟台、临沂新增市场主体居前五位，五市增量占全省的50.7%。菏泽、聊城等欠发达地区增速分别为16.7%和负1.1%，低于全省22.5%的平均水平。

要真正打造一流营商环境，应推动大众创业、万众创新，必须更好地发挥政策的效力。调研中我们看到，在改革政策的落实和改革红利的释放中也面临着一些问题和阻力。

1. 政出多门，政策碎片化现象比较突出

一是政策条块分割，联动性不强。大众创业万众创新涉及方方面面，推进改革、出台政策需要通盘考虑，搞好顶层设计，但近两年各级各部门大多各自为战，部门间缺乏必要的交流与合作，出台的政策系统性不强，整体效益不高。二是财政扶持资金比较分散。近年来，我省先后设立了创业带动就业、科技成果转换、文化产业、信息产业、新兴产业、节能投资引导、青年创业、巾帼创业等20多种引导扶持基金，总规模达数十亿元，分散于各部门各行业之中，一定程度上存在“撒芝麻盐”的现象。三是政策过于零散，不便于创业者全面了解。很多政策散见于各部门的各类文件、各类信息平台之中，加之最近新政策出台密度大，一些企业不知道到哪儿了解政策，不知道找谁咨询。

2. 政府各部门之间信息不能共享共用，影响了改革措施落实的时效性

目前，政府各部门、各系统都有自己的信息平台，但在横向上，政策信息和企业信息不能互通互联、共享共用，既影响了政策落实质量，又增加了企业负担。比如，工商部门给企业核发营业执照后，税务、环保、消防、质检、税务、银行等不能及时了解有关信息，同步跟进，工作出现断层、断档，特别是金融部门可能会因无法全面了解有关信息而阻碍了对企业的放贷。再如，人社、财政、环保、安监、消防等部门对企业有关项目进行审核检查时，有些内容尽管相同，但由于部门间信息不共享，对审查结论也互不认可，导致同样的内容多个部门反复审核，企业苦不堪言。

3. 市场监管难度加大，容易产生监管缺位的问题

准入门槛降低后，申办企业变得异常容易，市场主体井喷式增长，不同素质、不同层次的个人和企业大量涌入市场，带来了诸多监管难题，如果后续监管跟不上，现在实行的“一址多照”“一照多址”和取消验资限制等便利条件，可能会被不法分子所利用，产生一些经济和社会问题。另外，实行“先照后证”后，市场主体只要从工商部门拿到营业执照，就可以开展一般性经营活动，但由于很多经营许可项目审批后置，企业可能会在许可前“抢跑”经营，而相关部门因无法及时知晓企业领取营业执照情况导致监管缺失，有可能为市场经济秩序的健康发展留下隐患。

4. 创业指导不到位，存在一定的盲目性

创业服务体系尚不健全，对创业者缺乏必要的引导和培训，很多创业者尤其是大学生创业激情高涨，但找不准创业方向，所选择的项目往往与市场需求不对接，创业成功率不高。

5. 有些政策配套不完善，操作性不强

基层部门和企业反映，有的过于笼统，既找不到牵头部门，又缺少操作依据，落实难度大。如 2015 年 6 月我省出台的《关于运用财政政策措施推动全省经济转方式调结构稳增长的意见》（以下简称《意见》），有的县市反映该《意见》对社会创新创业具有很强的推动作用，但由于没有与之配套的操作细则，落实起来有难度。再如，我省《关于培育支持中小企业“一企一技术”研发中心的意见》出台后，各地已按有关要求完成了一些研发中心的建设，但意见中明确的补助支持措施却没有跟上。

6. 有些扶持政策不接地气，难以落实

一是有的设置门槛过高，受惠面偏小，尤其是初创企业几乎享受不到扶持政策。如我省设立的一次性创业补贴和创业岗位开发补贴，因为要求企业必须为职工足额缴纳社会保险费满 12 个月才能申请，一些经营困难或刚起步的小微企业难以做到，所以符合条件的企业很少，临清市没有一家企业符合此条件。在欠发达地区，还有一些扶持政策因地方财政无力配套而难落实。如 2015 年山东省下达给菏泽市的技能培训和创业培训任务共 7.09 万人，省财政补助资金 3 600.8 万元，按照省每人不低于 800 元的考核标准实际需要 5 672 万元，缺额的 2 071.2 万元需要地方财政配套，菏泽市因财政困难无力解决配套资金，相应的支持政策也难以享受。二是税费优惠额度偏小，对企业扶持作用非常有限，而且手续繁杂，很多企业宁愿放弃。三是改革后审批项目下放，但基层承接能力差，有的甚至根本无力承接。

（四）关于进一步促进政策落实，释放改革红利的几点建议

为了全面推动大众创业万众创新，国家和省里下了很大功力，密集出台了一系列政策，要使这些政策更好地发挥作用，还应进一步加大落实力度，统筹资源，提高效益。为此，我们提出以下建议：

1. 建立统一的政策信息平台，做好政策宣传解读工作

着眼于解决好创新创业者获取政策信息渠道少，对各类政策了解不系统、不全面的问题，建议在省级层面指定一牵头部门全面系统地梳理各级各部门现有扶持政策，分门别类，择其要点，整合打包，搭建网络平台统一对外发布并及时更新，同时要明确各类政策解读的责任单位和联系方式，为创业者提供一站式信息服务。各地市可考虑在行政服务中心、城市广场等地建立相应网络终端，便于群众查询，也可建立官方微信平台，随时发布有关信息。政府有关

部门与企业要建立必要的沟通机制，主动向企业宣传、解读相关政策，使扶持政策及时为企业和社会所掌握。同时，要依据国家、省有关政策导向和本地经济社会发展需要，加强创业服务指导，定期发布创新创业指导目录，明确创新创业方向。

2. 建立协调机制，统筹推进各类政策措施落实

建立由工商、金融、财政、人社、税务等与创新创业密切相关部门参加的联席会议制度，加强部门间的沟通、交流与合作，引导各部门联合制定政策措施，联合开展工作，避免各自为战、力量分散。特别是申办企业门槛降低后，要加强工商和行业主管部门间的协作，强化事中事后管理，确保监管工作及时跟进到位。建立全省统一的企业信息网络平台，畅通部门间信息交流渠道，对企业各类信息做到部门间互通互联，共享共用共管，提高行政效率。建立多部门联合执法、监管机制，部门间互认共享审查结果，避免多头执法、审核，减轻企业负担。为便于与各市行政服务中心对接，可参照广东、江苏、四川等省的做法，建立省级行政服务中心，集聚全省行政审批部门，推进行政管理服务便利化。

3. 集中政府资金扶持，重点突破小微企业发展的瓶颈制约

在调研中，我省小微企业普遍反映面临的最大难题是融资难、融资贵和缺办公场所、缺厂房。针对这些问题，建议要以“集中优势兵力打歼灭战”的理念，把零碎的、分散的财政资源集中起来，实施重点突破。比如，可以把分散于各部门的财政扶持资金相对集中使用，主要用于扩大小微企业贷款担保和风险投资规模，也可参照建设廉租房的思路，为创业者建设一批免费或廉价的办公场所。在财政资金扶持的方向上，应坚持重整体轻个体、重长远轻眼前的原则，减少对企业的直接补贴，扩大间接扶持，集中财力办好创业大学、创业孵化器等平台建设，让更多的企业更长远地享受政策红利。

4. 进一步抓好政策落实，确保改革政策落地生根

一是密切跟踪政策措施落实情况，及时了解和研究政策落实中出现的新情况、新问题，随时进行调整或修正。二是进一步细化政策措施，对一些比较笼统的改革政策，要尽快明确责任主体和牵头部门，完善细化配套措施，便于基层执行。三是适当降低政策门槛，增强政策的普惠度，特别是对初创、成长期企业和欠发达地区，要适当降低扶持标准和条件，减免配套资金，让最需要支持的企业和地区享受到相应的优惠政策，防止出现“强者强补、弱者弱补”的现象。四是结合制定“十三五”规划，组织力量加强对众创众包众扶众筹平台建设的研究，提出我省发展思路和规划。

二、山东省加快科技服务业发展政策的评估报告

根据省委全面深化改革领导小组工作部署，省委改革办于2016年5月委托省科学院作为独立第三方，对《关于贯彻国发〔2014〕49号文件加快科技服务业发展的实施意见》(鲁政发〔2015〕13号)进行评估(下称评估)。评估组先后组织召开了省直相关部门座谈会，开展了省内4个地市调研和省外学习考察，调度了全省14地市相关政策落实情况，开展了科技服务企业网上问卷调查，并认真进行了政策研究、情况分析和改革评估，最终形成《山东省科技服务业改革评估报告》，具体报告摘要如下：

(一)我省科技服务业改革发展的基本情况与主要成效

1. 省市政策接续出台，协同发力的政策体系逐步建成

自从鲁政发〔2015〕13号文件颁布以来，省直相关部门均结合各自职能特点，印发了《关于加快全省技术市场发展的意见》《关于加快推进全省科技企业孵化器专业化发展的实施意见》《山东省科技服务业转型升级实施方案》《山东省知识产权服务业转型升级实施方案》《关于在全省创建创业大学的指导意见》《山东省实施创业孵化基地和创业园区项目管理办法》《山东省创业导师管理办法》《山东省小微企业创新券管理使用办法》《山东省深入实施知识产权战略行动计划(2015～2020年)》等一系列配套政策意见。各地市结合本地实际，也接续出台了相关贯彻落实文件，如青岛市《关于加快发

展科技服务业的实施意见》和《关于促进科技和金融结合的实施意见》，淄博市《淄博市鼓励“零成本创业”进一步推动大众创业万众创新的若干政策意见》，东营市《关于加快科技服务业发展推进大众创新创业的实施意见》，潍坊市《关于进一步加强科技企业孵化体系建设的意见》，德州市《关于加快建设协同发展示范区京津科技成果转化基地的实施意见》……这些政策有效衔接省里相关政策，合力推动了科技服务业加快发展。

根据对全省 516 家科技服务企业的问卷调查，92.73％的企业认为科技服务政策“设计科学、合理、接地气”，96.27％的企业认为科技服务政策具有可操作性，89.55％的企业认为现有科技服务业政策对企业有帮助或者非常有帮助，96.82％的企业认为现有政策执行效果好或者非常好。

2. 创新平台加快布局，科技公共服务体系逐步健全

创新平台不断提质升级。省科技厅出台了《关于改进和加强省重点实验室建设的意见》和《省级工程技术研究中心提质升级的实施意见》，全省省级以上重点实验室达到 264 家，工程技术研究中心 1 118 家，其中国家工程技术研究中心 36 家，国家重点实验室 20 家，数量居全国前列，成为支撑区域主导产业转型升级的重要力量。

重大创新平台加快建设。青岛海洋科学与技术国家实验室、黄河三角洲现代农业工程技术研究院、中乌巴顿焊接技术研究院、潍坊光电研究中心、山东工业技术研究院、山东信息通信技术研究院等一批重大科技创新平台和新型研发机构加快建设，有力支撑了区域科技发展和创新创业。目前，我省已形成了以省科学院、农科院、医科院和 90 多家省属科研院所为主体的公益性研究开发服务体系。

大型科学仪器设备开放共享。实施科技“创新券”政策，并将创新券适用范围扩大到省内小微企业。目前，我省共为“双创”活动提供了 10 667 套（台），价值 83.9 亿元的大型研发设备，4 357 家科技型小微企业、创业团队使用入网仪器设备开展研发活动。2015 年，全省共发放创新券超过 1 万份，补助金额 3 200 多万元。

新型公共创新服务业态不断培育。科技咨询服务快速发展，全省共有近 2 000 家技术咨询服务机构，生产力促进中心 111 家，每年服务企业数量达到了 3 万家，年服务人员超过 30 万人次。省科技信息资源及共享平台已建立，面向社会公众提供 1 438 份科技报告的共享服务，目前注册用户已超过 1 400 人。在全国率先开展省科技计划科技报告试点工作，截至 2016 年 6 月，山东科技报告服务系统浏览量达到 59 万人次。

3. 孵化体系加快建成，专业化创业孵化模式不断创新

创新创业孵化载体不断壮大。众创空间和科技企业孵化器数量位居全国前列。截至 2016 年 8 月，我省有国家级科技企业孵化器 66 家，数量居全国第二位；国家备案众创空间 56 家，居全国第三位；国家专业化众创空间 3 家，居全国第一位。当前，我省省级以上高新区基本都建有国家级科技企业孵化器，省级以上科技企业孵化器实现了 17 市的全覆盖。创业孵化示范基地（园区）得到极大发展，创业孵化基地已达 630 个，省级创业孵化示范基地和创业示范园区达到 98 个。我省在全国率先打造创业培训新模式——创业大学。目前，全省建立了 19 所创业大学，2016 年依托创业大学已培训 6 万人次，培训规模占全省创业培训的 40%。

专业化创业孵化模式不断创新。潍柴集团建设卡车动力总成众创空间，围绕潍柴产业创新链组成发动机研发共同体。海尔集团公司建设智慧家庭专业化众创空间，建设“众创－众包－众扶－众筹”的智慧生活产业生态园。软控股份和橡胶谷集团建设化工橡胶专业化众创空间，打造“互联网＋校区＋园区＋产业平台”发展新模式。清华科技园潍坊启迪之星孵化器引入启迪创投基金，通过专业化品牌化运营，打造“孵化器＋科技金融＋创新产业基地”的运作模式。淄博高新区创业服务中心采取一器多区的方式，通过构建不同技术领域的专业技术研发服务平台，实现了从 1 家综合性孵化器到多家专业孵化器的裂变式发展。

创新创业孵化成效不断显现。目前，全省经认定的省级以上科技企业孵化器集聚各类人才 11 万人，拥有创业导师、创业辅导员等专兼职培训人员千余人，建成孵化器面积 400 多万平方米，在建面积近 500 万平方米，累计孵化企业超过 1 万家，毕业企业 4 600 余家。歌尔声学、法因数控等一批毕业企业成功挂牌上市，发展成为各行业的龙头骨干企业。

4. 科技金融深入融合，多元化的投融资体系逐步构建

创业风险投资加快发展。省科技厅会同省财政厅等研究出台了天使投资引导基金管理办法，联合企业设立科融天使投资基金，首期启动 1 亿元，带动社会资本 6 000 万元；设立了首期 2 亿元的省级风险投资引导基金，参股设立了 6 只子基金，带动社会资本 5.43 亿元支持科技型小微企业发展；设立了首期 2.4 亿元的省级科技成果转化引导基金，参股设立了 5 只子基金，共募集资金 10 亿多元。

知识产权质押融资领先发展。我省在全国率先全面开展知识产权质押融资工作。2015 年，我省在国家知识产权局备案的知识产权质押合同登记达到 205 项，质押融资金额 80.26 亿元，连续两年位居全国第一。

科技担保融资长足发展。在省级层面组建了山东省科技融资担保有限公司，注册资金 1.2 亿元，主要致力于服务高新技术产业和科技成果转化。地市层面也组建了济南市财金农业科技融资担保有限公司、青岛高创科技融资担保有限公司等一批专业性融资担保机构。

直接融资渠道正在不断拓宽。我省利用区域性股权交易市场融资成为重要渠道。目前，齐鲁股权交易中心累计挂牌、托管、展示企业已分别达 747 家、901 家和 4 686 家。其中，科技企业的数目超过 1/3。

创新融资风险补偿机制逐步建立。我省设立了省级知识产权质押融资风险补偿基金，鼓励和引导金融机构加大对中小微企业信贷支持力度，对合作银行面向中小微企业发放的知识产权质押贷款形成的呆账，风险补偿基金按照实际贷款本金损失的40%给予补偿。

5. 知识产权支撑有力，知识产权服务业取得长足发展

近年来，我省围绕知识产权强省建设出台了一系列法规政策，推动全省知识产权服务业快速发展。截至2015年年底，全省共有专利代理机构50家，分支机构60家，执业专利代理人417人，分别较2014年增长25%、50%、24.8%；建立全省商标发展和保护通报制度，安排资金支持实施商标战略，促进了商标代理服务业的快速增长；截至2015年年底，全省商标代理数量达到1368家。

知识产权公共服务体系日趋完善。山东省知识产权局以及山东省专利信息服务中心先后成为全国五个国家级区域专利信息服务中心之一、首批国家级专利信息传播利用基地、首批国家级知识产权服务品牌机构培育单位、首批地方专利信息服务中心等。截至2015年年底，济南、青岛等7个市成为知识产权示范城市，青岛崂山区获批国家知识产权服务业集聚发展试验区。根据“两区一圈一带”不同特点和特色，我省搭建了6个区域知识产权综合服务平台，建设了海洋装备制造、新材料、石油装备制造、锂电等8个特色产业行业专利专题平台；建成了济南、青岛等五个专利技术展示交易中心和11个国家级知识产权维权援助中心。

知识产权服务业带动了技术市场的发展，促进了科技成果的转移转化。“十二五”期间，我省登记技术合同数由2011年的9 096项增加到2015年的20 651项，年均增长22.75%，登记技术合同成交额由2011年的129.7亿元增加到2015年的339.7亿元，年均增长27.21%，呈现出快速增长的态势。

（二）我省科技服务业改革发展过程总还存在一些问题

1. 缺乏对科技服务业发展的整体统筹协调

科技服务业涉及十几个部门，“政出多门、条块分割”的现象较为突出，且政策碎片化倾向明显，难以形成政策合力。据问卷调查，37.68%的企业或多或少都会遇到政策涉及多个部门，难以协调、无所适从的困境。此外，统计监测机制尚未有效形成。虽然国家统计局在2015年制定了《国家科技服务业统计分类》标准，但我省相关部门一直没有将科技服务业纳入统计范围，也没有针对科技服务业规范统计口径。

2. 科技服务业资源共享和集聚发展还不够

科技资源"孤岛"现象突出，部分科研机构过分依赖政府推动运作，对外提供公共创新服务的积极性不高；部分企业囿于市场竞争、技术成果保密等顾虑，不愿提供闲置资源服务；有些科技资源服务网等虽然拥有众多会员单位，但实际开放共享利用率不高。科技服务产业集聚发展不足，与广东、浙江、江苏相比，还存在不小差距。广东省认定培育了5家"广东省科技服务业发展示范基地"；浙江省形成了以阿里巴巴为龙头的电子商务与服务业外包示范产业集群；江苏省的苏州工业园、昆山高新区被列为国家科技服务体系试点园区。

3. 融资难问题制约了我省科技服务业的快速发展

根据调查问卷，63.8%的企业存在融资难、融资贵的问题。究其原因，科技服务企业往往以专利、技术等无形资产为主，是典型的"轻资产"行业，在银行借款、抵押贷款等传统融资模式下不能提供相当价值的有形抵押物，加上科技服务业相对传统产业呈现出高风险、难评估、投入大、周期长等特点，科技服务业在投融资方面困难重重。

4. 缺乏规模适度梯次合理的科技服务专业人才队伍

我省缺乏专业科技服务人才，除部分高校和科研院所外，我省许多科技服务业机构只有少则几个人，多则几十人的从业人员规模。临沂市105家科技服务业机构，从事科技活动的人员仅占8.71%。缺乏高层次人才，2015年全省科技服务机构中拥有硕士以上学历的仅占3.75%，高层次人才引进难流失易，制约了科技服务业向中高端发展；缺乏培训和资质认证，现有的从业人员多为传统行业技术人员，缺乏懂技术、懂市场、懂管理、懂法律的复合型人才，加上缺乏资质认证和教育培训，造成科技服务业从业人员素质参差不齐。

5. 政策宣传引导和贯彻落实还有待加强

根据问卷调查，23.07%的企业不太了解和不了解科技服务业相关政策。68.85%的企业提出现有政策在支持力度、门槛设置、覆盖范围等方面仍需进一步改进。20.77%的企业提出部分政策由于缺乏配套实施细则，落地实施存在困难。

（三）进一步加快我省科技服务业改革发展的对策建议

1. 建立统筹协调、联动协作的工作推进机制

一是加强统筹协调。建立由科技、发展改革、经信、教育、财政、税务、人社、商务、统计、工商、质监、金融等部门参加的联席会议制度，由省科技厅牵头定期召开，协调解决科技服务业改革发展中的重大关键问题，实现资源的优势集成和政策的配套联动。加强省市两级的衔接配套；加强对地市指导和组织培训，确保科技服务业发展的各项任务落到实处。二是加强统计考核。依据国家科技服务业分类标准和指标体系，科技部门会同统计部门建立完善科技服务业统计报表制度，加强统计调查和监测；将科技服务业发展水平作为衡量区域创新能力的重要指标，加强对各地区的考核督导。三是加强宣传引导。强化对高校院所、科技服务业企业宣讲培训，促使国家和省内出台的科技服务业相关政策直达基层、深入人心；加强对科技服务业杰出人才、优秀成果和典型案例的宣传报道，营造有利社会氛围。

2. 构建统一开放、竞争有序的市场环境

一是有序放开市场准入。破除有些官办科技服务中介机构垄断资源配置、部门分割现象及地方保护主义严重等问题，进一步放开科技服务领域的市场准入，打破区域、行业壁垒；培育壮大多元化的科技服务中介机构，支持具备条件的生产力促进中心、科技企业孵化器、检验检测认证等机构与行政部门脱钩、转企改制。二是发挥社会组织作用。更好地发挥产业技术联盟、行业协会等社会组织的作用,鼓励生产力促进中心、科技企业孵化器等各类科技服务机构依照自愿平等的原则,按相近的专业范围建立行业协会,加强组织、协调、服务和监管,督促行业自律和诚信经营。三是完善信用监管体制。加强科技服务企业信用体系建设,进一步升级完善国家企业信用信息公示系统(山东),强化"黑名单"数据和执法办案数据的管理与应用,有效规范市场秩序,营造统一开放、公平竞争的环境。

3. 加强规划布局,促进科技服务业集聚发展

一是完善科技服务产业链条。实施科技服务产业筑链工程,围绕技术创新链条各个环节引进和培育服务机构,健全完善研究开发、技术转移、检验检测认证、科技金融、知识产权、创业孵化、科技咨询、科学技术普及等专业科技服务机构体系,培育和发展电子商务、技术交易、科技服务外包等新型科技服务业态。二是布局建设科技服务集聚区。在山东半岛自主创新示范区,以集成化科技服务为特点,重点培育新型服务模式和服务业态,促进工业(产业)研究院、创业咖啡、创客平台等新型服务组织的集群化发展;在黄河三角洲高效生态经济区,以农业科技服务为特点,重点支持农业品种权交易、农业技术信息化服务、农业物联网和大数据等新型农业科技服务业态发展,促进农业科技服务机构的集群化发展;在西部经济隆起带,以特色产业科技服务为特点,重点围绕物流、新能源电池、精细化工等特色产业,促进检验检测、创业孵化、知识产权等专业科技服务机构的集群化发展。

4. 加强财政扶持,贯彻落实相关税收优惠政策

一是在财政支持政策方面,通过财政扶持,加强省级创业孵化基地和创业园区建设,支持小微企业创业创新示范基地试点建设等;设立省级天使投资引导基金,引导资本和企业进入科技服务业;设立省级科技成果转化引导基金,促进高新科技成果的转移转化和商业化;继续实行"创新券"政策,支持大型科学仪器设备的开放共享;设立省级知识产权质押融资风险补偿基金和科技成果转化贷款风险补偿基金，切实建立创新融资风险补偿机制。二是在税收优惠政策方面，坚决落实好已有的科技服务业税收优惠措施。符合非营利组织条件的国家大学科技园、科技企业孵化器的收入，按规定享受企业所得税优惠政策；符合国家新修订的高新技术企业认定管理办法的，依法享受所得税减免优惠政策。发挥科技部门在研发项目鉴定方面的作用，落实研发费用加计扣除等有关政策；探索创新税收优惠增产，对于从事科学研究且不以营利为目的的科研机构，给予免税的优惠政策；实施针对科技服务业人才的税优惠，对于高薪聘请的人才，在个人所得税上给予相当力度的减免；对个人的技术转让、技术专利使用费等减征个人所得税。三是在政府采购方面，探索以政府购买服务方式支持公共科技服务业发展，将科技类公共服务项目纳入《政府向社会力量购买服务指导目录》范围，所需资金列入财政预算。对暂时不能实现有效竞争的科技服务领域，采取大额项目分包、新增项目另授等措施，有针对性地培育扶持一批科技类服务机构。

5. 强化人才队伍建设，为科技服务业发展提供智力支持

一是高度重视人才培养。面向科技服务业发展需求，完善学历教育和职业教育；支持高校调整相关专业设置，鼓励高校依据科技服务业行业特点和需求，合理设置专业学科和配套课程，为科技服务业发展培养合格的专业人才。二是积极引进优秀人才。在人员编制、户口迁移、配偶就业、子女入学就业、职称评聘、工资福利、社会保险和科研启动经费等方面实行更加优惠政策，吸引国内外优秀科技服务人才来山东工作；积极利用各类人才计划，引进和培养一批懂技术、懂市场、懂管理的复合型科技服务高端人才；鼓励有能力的科技服务人员创办服务机构，借助科技服务业发展，汇聚高质量的人才。三是加强专业从业人才培训。依托科协组织、行业协会，开展科技服务人才专业技术培训，提高从业人员的专业素质和能力水平；加大对创业导师、高水平专业运营人才团队的引进力度；完善专利代理人等专业培训和执业资质考核认定工作体系，研究制定我省科技服务业组织机构和从业人员的资格认定管理办法和认定纲要。

三、山东省促进科技成果转化法规保障问题的调研报告

为贯彻落实《中华人民共和国促进科技成果转化法》(2015年修订)《国务院关于印发实施〈中华人民共和国促进科技成果转化法〉若干规定的通知》(国发〔2016〕16号)和《国务院办公厅关于印发促进科技成果转移转化行动方案的通知》(国办发〔2016〕28号)等精神,加快推动科技成果转化为现实生产力,助力我省新旧动能转换。省科技厅联合省科技发展战略研究所于2016年组织开展了我省促进科技成果转化法制保障问题的调研,对全省贯彻落实促进科技成果转化法律法规情况进行了全面调度,对我省促进科技成果转化条例修订工作征求了相关部门和地市意见,并借鉴了浙江、上海、广东、四川等先行省市的经验,经过总结分析和综合研判,形成如下调研报告:

(一)基本情况

1. 构建促进科技成果转化的法制政策体系

2015年8月,全国人大常委会对《中华人民共和国促进科技成果转化法》作了较大修改。国务院及国务院办公厅先后出台了《实施〈中华人民共和国促进科技成果转化法〉若干规定》和《促进科技成果转移转化行动方案》。为此,省委、省政府于2016年出台了《关于深化科技体制改革加快创新驱动发展的实施意见》(鲁发〔2016〕28号),对促进科技成果转化工作进行了全面部署。结合山东实际,

省委、省政府出台了《关于进一步促进科技成果转移转化的实施意见》,并启动《山东省促进科技成果转化条例》修订工作。同时,省委、省政府加强政策文件配套,颁布了《关于改革省属高校科研院所科技成果使用处置和收益管理制度的意见》《关于加快推进大众创新创业的实施意见》《关于支持高新区科技型小微企业创新发展的若干意见》《关于加快推进全省科技企业孵化器专业化发展的实施意见》《关于运用政府引导基金促进股权投资加快发展的意见》《山东省科技型小微企业知识产权质押融资暂行办法》等一系列新的政策文件,为破解科技成果转移转化瓶颈难题提供了有力支撑。

2. 着力构建科技成果转化平台载体体系

近年来,全省大力推进山东半岛国家自主创新示范区、青岛海洋科学与技术国家实验室、黄河三角洲农业高新技术产业示范区建设,积极打造引领山东海洋科技、半岛蓝色经济和高效生态农业发展的科技成果转移转化示范基地。大力推进科技创新平台建设,全省国家工程技术研究中心和企业国家重点实验室分别达到 36 家和 17 家,均居全国各省市首位;省级重点实验室和省级示范工程技术研究中心分别达到 244 家和 266 家。大力推动高校院所协同创新,省科技厅、济南市人民政府、山东大学共同成立山东工业技术研究院;2012～2015 年省财政投入 2.69 亿元,支持建成 35 个协同创新中心。启动建设了山东省海洋工程技术协同创新中心。大力推进孵化平台建设,省级以上科技企业孵化器 85 家,其中国家级科技企业孵化器达到 55 家,总量居全国第二位;在孵企业 5 500 余家,聚集各类创新创业人才 11 余万人,成为支撑全省科技成果转移转化的重要力量。大力推进技术转移转化平台建设,相继建立了山东省技术转移转化中心、齐鲁技术产权交易中心、鲁南技术产权交易中心等一批区域性技术转移中心,菏泽、济宁、枣庄、临沂、德州、聊城及泰安 7 市联合成立了山东省西部经济隆起带技术转移联盟,有力地推动企业、高校、科研机构等“产学研”结合和成果转移转化,支撑山东省实体经济发展和工业转型升级。

3. 快速发展专业化科技成果转化服务机构

全省加快发展技术市场，积极培育各类科技中介服务机构，鼓励各地扶持发展技术转移、检验检测认证、知识产权运营、中试基地等科技成果转移转化服务机构，帮助企业、高校、院所提高成果转化能力。目前，省属高校已建立科技成果转移转化服务机构 20 个，研究开发机构 381 个，科技成果转化服务平台 31 个。建立了以山东省科技成果转化服务网络平台为核心，数据标准、品牌标识、管理制度和服务规则相统一的全省网上平台；设立了中科院山东综合技术转化中心、中国高校技术转移中心德州中心等一批技术转移转化载体；引进中国技术交易所、北方技术交易市场、天津滨海国际知识产权交易所、上海股权交易中心等 30 多家国家级科技服务机构入驻；建成寿光果菜品种权交易中心等一批区域交易中心。专业化科技服务机构和线上线下并举技术交易体系的建设发展为加速创新资源集聚、促进科技成果转化提供了强有力的平台支撑。

4. 推动科技与金融的深度互动融合

山东省深入推进科技资源与金融资源的有效结合，2016 年 6 月，省政府办公厅出台了《关于金融支持实体经济发展的意见》(鲁政办发〔2016〕28 号)，强化“去产能、去库存、去杠杆、降成本、补短板”金融服务，促进实体经济转型升级和持续健康发展。2016 年 7 月省政府印发了《推动资本市场发展和重点产业转型升级财政政策措施》(鲁政发〔2016〕20 号)，设立省级科技投资风险补偿资金，实施企业研发投入后补助政策，建立科技成果转化服务机构(科技经纪人)奖补制度。在全国率先实施小微企业知识产权质押贷款扶持政策，累计开展知识产权质押合同登记 350 多项，实现质押融资 150 多亿元；实施“创新券”制度，支持中小型企业创新创业，仅 2015 年，全省发放创新券 1 万份，补助金额 3 200 多万元；改革财政科技资金投资方向和方式，加大对支撑全省创新发展的重大创新平台、高端科技人才和团队的重点支持，采取无偿资助、贷款贴息、先导资金、后补助等方式给予补助，充分调动社会资源促进科技创新和成果转化；试行财政科技投入金融化改革，出台《山东省科技成果转化先导资金管理暂行办法》，财政科技资金首期出资3亿元，设立省级科技成果转化引导基金和天使投资引导基金，带动社会资本近15亿元。探索建立大企业通过资本纽带反哺科技型小微企业共同发展的机制，设立山东科融天使投资基金；积极构建科技信贷风险共担机制，成立山东省科技融资担保有限公司，已为160家科技型小微企业提供融资担保。

5.促进技术市场交易活动持续活跃

山东省技术交易持续活跃，总量保持较快增长的发展态势。2015年全省共登记技术合同20 651项，成交额339.74亿元，是“十一五”末的3.1倍，同比增长26.28%，居全国第八位。山东立足产业转型升级需要，围绕集聚吸纳外部优质创新资源，积极构建全方位科技开放合作体系，建立定期举办科技成果转化活动的常态机制，组织了“中欧膜技术国际研讨会”“鲁台技术交流对接会”“中国科学院先进钢铁材料加工技术专题推介会”等一系列科技交流和重大科技成果转移转化合作活动。通过不定期地组织可转化科技成果推介对接活动，以重大科技成果转化应用论证会、成果转化项目推介会、科技成果产业化论坛等多种形式，推动科技成果供需双方的有效对接，提高科技成果转化成功率，促进更多科技成果的转化应用。充分发挥对外科技交流合作平台作用，促进外来科技成果转化，通过中欧膜技术研发中心、临沂市中德创新中心、省科学院与昆士兰大学“鲁昆先进材料研究中心”“金正大——利夫纳特农业科技研究中心”等一批合作平台，促成了一批科技合作项目，引进国外专家300多人、先进技术200多项，促进了科技成果在相关领域的转移转化。

（二）主要问题

经调研了解到，当前制约我省科技成果转移转化的主要问题有以下几个方面：

一是当前条例法规不完全适应新形势、新要求。在当前全面实施创新驱动发展战略、推动新旧动能接续转换的大背景下，我省现行《促进科技成果转化条例》内容已经不能完全适应现实需要，主要表现在推动科技成果和技术转移转化体系不健全，高校、科研机构考核评价标准不利于科研人员开展科技成果转化；对科研人员的激励政策落实不到位，难以调动广大科研人员转化科技成果的积极性；产学研合作利益分配机制不配套，尚未建立起促进产学研合作的长效机制；科技成果定价机制不完善；知识产权维权难、维权成本高；科技成果转化投融资机制不健全等。

二是企业科技创新和成果转化意识不足。高新技术企业和大部分中小型科技企业自主创新意识较强，在科技研发上舍得投入，但是有些企业对科技创新及成果转化的意义认识不到位，只重视规模的扩张和眼前的经济效益，不愿冒风险搞研发。也有一些企业受社会创新氛围影响，在政府优惠政策支持和引导下，建立起了研发团队，但是研发过程较为被动，自身不愿投入太多的资金从事研发，科技成果转化经费紧张。受经济下滑形势影响，部分中小企业发展陷入困境，在自身经营和生存都存在问题的情况下，企业无暇顾及科技研发和成果转化。企业作为科技研发投入的主体，由于其投入的研发经费总量严重不足，因而导致用于科技成果转化的经费亦相对不足。

三是科技成果供给质量不高。当前科技成果供给主要在于各类高校院所，很多高校院所仍然习惯于计划体制下事业单位行为模式，科技成果与市场经济中企业需求并不一致，致使很多科技成果评完职称、报完奖励后，因转化价值不大而束之高阁。还有许多科技成果属于实验室或小试状态，由于从实验室到小试、中试、达产、商业化过程中存在巨大的技术风险、市场风险等综合性因素，致使转移出去或者转化成功比较困难。

四是科技中介服务市场不发达。科技成果从产生到实现市场价值是一项系统工程，涉及面广，技术市场作为科技成果转化为现实生产力的主渠道之一，能够起到科技与经济结合的桥梁作用。现有的技术市场和中介服务机构存在规模偏小、数量少和复合型高素质的专业人才匮乏、交易活动不够活跃以及科技中介服务机构发展缓慢、服务能力有待提高等问题，不能满足诸多产业发展的需求。由于缺乏有效的科技成果转化信息发布平台和科技中介服务机构，企业与拥有成果的高等院校、科研机构信息沟通渠道较少，难以实现科技成果的商品化、产业化。

（三）对策建议

坚持以问题为导向，为进一步完善法规政策环境，促进我省科技成果转移转化，提出以下对策建议：

1. 强化政府在科技成果转化活动中的职责

为了充分发挥政府在科技成果转化活动中的推动、保障和促进作用，县级以上人民政府应当加强对科技成果转化工作的管理、指导、协调，将科技成果转化纳入国民经济和社会发展规划中，合理安排科技成果转化财政资金投入，推动资金投入的多元化；培育和发展技术市场，加强技术转移人才队伍建设；建设公共研究开发平台，通过有效措施支持科技企业孵化机构发展；在基础设施建设、人才培养、项目用地等方面对科技成果转化给予支持；通过设立引导资金、提供贷款贴息、发放补助资金、落实税收优惠以及风险补偿、示范推广等方式，对科技成果转化项目给予支持；建立科技成果转化风险补偿机制，支持企业通过直接融资方式为科技成果转化募集资金。

2. 充分发挥市场在科技成果转化中的导向作用

要以尊重科技创新和市场规律，发挥企业的主体作用，体现知识价值分配导向为指导思想，规定科技管理部门和有关部门在制定有关科技规划、计划和编制项目指南时，应当听取相关行业、企业的意见；对利用财政资金设立的有关科技项目，应当发挥企业的主导作用，由企业组织实施或由企业联合科研机构、高等学校共同组织实施；支持企业对新技术、新工艺、新材料、新产品制定企业标准，承担或参与相关标准的制定，推动先进适用技术推广应用；鼓励科研机构、高等学校向企业转移科技成果，支持企业与科研机构、高等学校联合建立研发平台、技术转移机构或技术创新联盟，共享人才、技术、信息和研发设施；鼓励企业建立科技成果转化奖励机制，对做出重要贡献的科技人员给予不同形式的奖励。

3. 规范科技成果转化活动

为健全科技成果转化体系，保障科技成果转化活动有序开展，县级以上人民政府科技管理部门应当制定工作计划，发布科技成果目录，建立科技报告制度，建设科技成果信息系统，并加强对科技中介服务机构的监督管理；政府设立的科研机构、高等学校应当按照规定向主管部门报告科技成果转化情况，由主管部门汇总报送科技、财政、人社等部门；有关部门应当建立有利于促进科技成果转化的绩效考核评价体系，作为对科研机构和高等学校及其人员的评价、科研经费支持的重要内容。

4. 保障科技成果转化主体的权益

科研机构和高等学校是创造科技成果的主力军，为了充分调动其转化科技成果的积极性，进一步细化相关激励内容，规定政府设立的科研机构、高等学校对其持有的科技成果，可以自主决定实施、转让、许可或作价投资等事项，转化科技成果所获得收入全部留归本单位，其负责人履行了勤勉尽责义务后，免除决策责任；政府设立的科研机构、高等学校应当完善科技成果转化收益分配激励机制，可以从科技成果转化净收入中提取不低于10%的比例用于本单位专业化技术转移机构绩效奖励；根据我省实际，将上位法规定的对科技人员进行奖励、报酬的收益分配比例，由不低于50%提高到不低于70%。

5. 加强宣传引导和示范推广

要切实加大对促进科技成果转化法规条例政策的宣传力度，充分利用互联网、电视、报刊等新闻媒体，广泛开展多层次、多渠道、多形式的宣传活动，以政府领导干部和企事业单位负责人及广大科技人员为重点普法对象，大力普及科技成果转化法律法规和政策，强化科技创新和科技成果转化意识，使其充分认识加速科技成果转化对经济社会发展的重要作用，真正把依法促进和实施科技成果转化工作放到战略地位，作为科技创新的重点环节来抓；加强科技成果转化示范区建设，对可复制、可推广的经验和模式及时进行总结推广，发挥促进科技成果转移转化的示范带动作用；宣传表彰在科技成果转化中成绩突出的单位和个人，发挥其激励引导作用，激发全社会的创新创造活力，营造全员关注、各方支持、积极参与科技成果转移转化的良好社会氛围。

四、关于有效发挥智库作用服务科学决策的调查与建议

新型智库是政府科学民主依法决策的重要支撑，是国家重点推进的新的制度安排。2016 年，《山东省新型智库建设研究》课题组就我省新型智库建设问题进行了专题调研，与省直有关部门和部分高校、科研院所、企业、社会组织等层面的负责人进行了座谈交流和深入探讨。总的来说，我省新型智库建设已实现良好起步，各方面行动积极，但在实际建设中尤其是智库成果进入决策还存在一些困难和障碍，应该在下一步工作中重点研究解决，让智库在服务决策中实现更大更好价值，具体报告如下：

（一）建设新型智库服务科学决策成为社会新热点

2015 年 9 月，根据中央关于加强中国特色新型智库建设的统一部署，省委、省政府出台了《关于加强中国特色新型智库建设的实施意见》（鲁办发〔2015〕42 号），对加快我省新型智库建设作出具体安排。新型智库建设所涉及的组织、宣传、发改、经信、人社、科技、财政等部门，从各自职责出发，研究制定工作方案，推出相关配套文件，积极推动新型智库健康发展。作为智库建设直接主体的高校、科研院所、民间组织和相关经济组织，纷纷行动起来，瞄准建设新型智库，积极建制度、引人才、做项目，兴起一股建言献策的热潮。

一是相关研究机构加快向新型智库转型。智库与一般意义的科研机构不同，其职能定位是决策咨询。根据这一目标导向，我省

主要社科研究机构都将工作重点转向服务党委、政府决策。山东社科院提出要打造山东第一智库，实施基础理论研究和应用对策研究双轮驱动发展战略，努力建设省委、省政府的重要“思想库”和“智囊团”。省宏观院瞄准“山东有地位、全国有影响”智库建设目标，制定实施“精准服务”的 22 条，着力提出“有用管用”的政策建议。科学技术研究机构也开始强化决策咨询功能。省科学院实施“科技创新工程”，突出“科技＋”特色，全力打造高端科技智库。此外，越来越多高校加入决策研究咨询行列。山东大学发展研究院明确定位要紧紧围绕山东经济社会发展的实践，当好“思想库”，为全省改革发展提供智力支持；山东行政学院突出决策研究咨询职能，坚持教学、科研、咨询三位一体协调发展，让思想、观点、成果直接影响参训学员。今年年初，省委宣传部组织遴选首批省级重点智库试点，全省有 96 家单位符合条件得以申报，15 家最终入选，还有许多高校、企业和社会组织在积极努力争取达到申报标准。

二是智库人才队伍加紧建设。以“智库建设，人才先行”为基础，省人才工作领导小组出台了《关于加快智库高端人才队伍建设的实施意见》，提出用 3～5 年时间，围绕经济建设、政治建设、文化建设、社会建设、生态文明建设和党的建设 6 大领域，造就一支熟悉省情民情、善于政策研究、具有专业化素养的智库高端人才队伍。今年首批遴选了 183 名智库高端人才，其中首席专家 17 名，岗位专家 58 名。同时，部分科研院所、高校也加强了智库人才的培养和引进。山东社科院依托“社会科学创新工程”，一年内引进高学历、高水平智库人才 19 人。省科学院选聘 20 名国内顶尖科技政策专家和 8 名国际知名智库专家，全力打造国内一流的科技智库专家队伍。山东大学卫生管理与政策研究中心选择若干名政策研究骨干，依托山东大学—瑞典卡洛琳斯卡学院(Karolinska Institute)全球健康研究中心进行重点培养。

三是智库体制机制加快探索创新。新型智库需要新的体制机制来保障。山东社科院建立“创新单位—创新团体—创新岗位”为主线的科研组织方式，创新人事管理制度，对创新团队与非创新团队人员实行分类管理，并建立过程报偿与目标报偿相结合的创新报偿制度。省宏观院把决策应用作为评价业绩的首要指标，逐步建立起科学的内部考核评价制度。省商业经济研究所等企业智库，坚持公司化、市场化、专业化发展，实现了经费来源、人才激励、成果转化、金融支持、“旋转门”用人等多元化。鲁南经济发展研究院发挥社会组织智库优势，建立了理事会制度，实现了业务开展、引人用人、财务管理等方面的灵活安排，充分激发创新发展活力。为加强智库间的合作交流，山东社科院发起建立“山东智库联盟”，着力打造人才交流、合作发展、服务决策的智库共同体，已有 50 余家成员单位。

四是智库研究成果加速推出，智库建设成效开始显现。山东省社科院做到每月都能在中央主要媒体发出“山东声音”，同时形成一批省情调研成果上报省委、省政府领导参阅，2015 年获得省级以上批示 27 项，比上年增长 56%。省宏观院推出《山东宏观经济研究报告》《山东服务业发展报告》和《山东区域经济发展报告》，定期上报《宏观经济动态》和《研究成果专报》，有近 30 件成果获得省领导重要批示。省科协上报《科技工作者建议》43 件，《院士建议直通车》5 件，获省级以上领导批示 21 件次，多项研究成果进入省委、省政府决策部署。

（二）智库有效发挥作用存在的制约和问题

智库的根本价值在于服务科学决策。调研中，与我们接触的智库机构和研究人员情绪高涨，对服务决策充满信心、态度积极，热切期盼他们的成果能进入决策、实现价值。但我们发现，智库有效发挥作用还缺乏机制保障，存在一些障碍，应该在下一步工作中重点研究解决。

一是决策部门的主导作用尚未充分发挥。在决策咨询体系中，决策部门处在主导位置，前端发起决策需求，后端决定成果采用。

由于长期习惯于原有决策思维、路径模式等原因，目前有些决策部门重智库成果采用，轻对智库研究组织引导。各智库机构自发选择目标定位，以致在综合类智库、经济类智库扎堆，缺少创新发展、绿色发展、协调发展智库和支撑蓝黄两区建设的特色智库。随意确定研究方向，多从个人爱好选题，难有与决策需要高度契合的好成果。多数智库习惯于各自为战和独立攻关，一个问题有多家单位在研究，低端重复研究较为突出。

二是智库成果上报渠道尚未通畅。只有少数智库机构，如省委党校、山东行政学院、省宏观院等党委政府直属单位有自己上报渠道，绝大多数智库机构反映研究成果上报渠道不畅。调查中，高校、科研机构，尤其是企业和社会组织智库机构，都反映研究成果不知该向谁报送，应以什么方式、通过什么渠道报送，以致在操作时各显神通，有的托关系转递，有的干脆以信访形式上报，而且直接报送给书记和省长，导致省委、省政府主要领导每天应处理文件数量暴增；还有的不胜上报之烦，转而去发表学术论文和出版著作，一些很好的决策建议淹没在学术研究中，没能快速直接进入党委、政府决策参考视野。

三是智库成果处理反馈机制尚未建立。许多智库专家反映，常常是研究成果上报后，就没有下文了，想了解研究成果有没有进入决策部署，有没有发挥作用，实际效果怎么样，需要做哪些后续研究，均不得而知。据了解，目前省委、省政府、省人大、省政协均没有专门接收处理智库成果的机构，大量建言建议件未经筛选和分送，直接堆积在领导案头。领导精力和时间有限，不可能一一详览细阅和批示回复，有些智库成果不可避免被遗漏。智库成果上报后得不到反馈，长此以往会影响智库研究积极性。

四是符合智库特点的经费管理制度尚未建立。目前我省智库研究项目是作为科研课题来管理的，国有智库机构普遍反映课题经费“难花”“有钱花不出去”问题比较突出，以致出现部分研究人员为了报销经费而重复调研的现象。现行经费管理没有充分体现智力报偿，决策咨询课题经费尚未纳入科技成果转化范畴，开始出现资深专家不愿接决策咨询项目的现象。在山东行政学院，决策咨询项目以前“大家抢着申报”，现在得“动员大家申报”。

五是智库评价激励机制尚未形成。一是缺乏科学合理的智库评价考核体系，多数高校和科研院所进行人才评价时，仍看重论文、著作、专利和奖项，智库成果要么没有列入评价指标，要么赋分权重较低。尚未开设智库成果评奖，具体评价办法也没有破题，有些单位简单地以领导批示作为衡量智库成果水平的唯一依据。

（三）聚焦破困推动智库有效服务科学决策

总体来看，我省智库建设正处于起步阶段，遇到和出现的问题是建设发展中的问题。下一步要全面贯彻落实省委、省政府《关于加强中国特色新型智库建设的实施意见》，从服务党委政府决策出发，坚持问题导向，运用改革思维和方法，谋划实施更有针对性的措施，积极创新实践、破困清障，保障和推动智库更好发挥功能作用。

1. 统筹建设具有山东特色的新型智库体系

紧紧围绕贯彻落实创新、协调、绿色、开放、共享的发展理念和我省重大发展战略，统筹规划，优化资源配置，形成布局合理、特色鲜明、协调互动、支撑有力的山东新型智库体系。一要统筹推进综合智库和专业智库建设。积极推进省委党校、社科院、科学院等综合性试点智库建设，做大做强科技创新智库、蓝色经济智库，加快建设文化智库、民生智库，大力培育绿色发展智库、开放发展智库，与我省区域发展战略和改革发展需求相契合。二要统筹推进官方智库和民间智库建设。支持党政部门、社科院、党校、行政学院、高校院所等官方、半官方智库加快提升决策研究咨询能力；规范和引导企业智库和社会智库健康有序发展，鼓励民间智库利用自身优势和独特身份，参与决策咨询研究和评估论证，为党委、政府决策提供多维视角选择。三要统筹推进战略智库与策略智库建设，重点发展策略智库，加强专业领域和区域发展层面的谋划和思考，破解我省当前具体性、短期性、紧迫性问题；重视发展战略智库，开展前瞻性、远期性、储备性问题研究，支持我省中长期发展。

2. 以党政决策部门为核心构建协调互动的智库圈

注重发挥党政决策部门的主导作用，在党委系统以组织、宣传、政法、统战等部委，在政府系统以发展改革、经信、教育、科技、民政、人社、环保、农业等部门为核心，聚拢形成一个个相对固定的智库圈，各自确定一批长期联系的智库专家，依托各自平台载体、项目计划、渠道机会，组织引导智库进行定向定题研究，并迅速将智库成果运用到决策之中，形成需求导向、协调互动的常态机制。

3. 细化落实智库建设相关政策措施

聚力打通“最后一公里”，推动相关政策尽快落地生效。一要尽快完善智库高端人才支持管理办法，出台智库首席专家和岗位专家团队建设方案，细化智库专家参与党委政府决策研究咨询的方式方法，制定智库专家考核评价细则，让入库专家尽快进入角色发挥作用。二要尽快出台专门的智库项目经费管理办法，尊重和体恤智库人员的智力报偿，绩效支出应不低于项目经费的40%，并可执行科技成果转化相关政策。三要尽快制定政府购买决策咨询服务细则，坚持依法公开竞争择优，向智库订购咨询报告、政策方案、规划设计、调研数据等成果。四要尽快开启“旋转门”，推动党政机关与智库之间人才有序流动，有计划地推荐智库专家到党政部门挂职任职，鼓励有能力的党政领导干部、国有企业高管离任后到智库从事研究工作。

4. 研究组建省决策咨询委员会

借鉴上海、浙江等省市成功做法，可以考虑结合人才库建设，组建省决策咨询委员会，负责组织国内外智库力量为山东发展出谋划策，对事关全省的重大政策措施进行研究论证，为省委、省政府科学决策提供智力支撑。决策委员会下设办公室，主要是研究制定新型智库建设规划，统筹推进各类智库建设；联系协调党政部门智库，协商研究智库发展中的重大问题；定期发布省委、省政府重大决策需求，提出重点调研课题，编制决策咨询研究项目计划，组织引导各类智库开展研究；接收处理反馈智库成果，及时如实反馈智库成果运用情况，发挥省委、省政府与智库之间的枢纽和桥梁作用。

后　记

创新是国家发展和社会进步的动力源泉。目前，创新驱动发展战略是我国重点部署实施的一项国家战略，旨在加快建设创新型国家和世界科技强国。近年来，山东省基于本省实际情况，围绕区域创新驱动发展开展了大量的深入研究和工作实践，在创新型省份建设等诸多方面取得显著成效。

在此期间，本人以课题组成员、智库专家身份，有幸参与了山东省委政策研究室、省委组织部、省委改革办、省发展改革委、省科技厅、省工信厅等部门的大量调查研究工作，形成了高新区发展、创新城区建设、高新技术产业规划、创新集群发展、人才战略实施、科技政策评估、法律法规修订、新型智库建设等一系列专题调研报告。有些报告获得了省领导的重要批示，许多报告被直接纳入相关政策文件制定和部门工作部署中，对山东创新驱动发展战略的实施起到了积极的指导和推动作用。

为了总结经验和加强交流，本人以区域创新驱动发展为主题，将部分调研报告按照理论研究、区域发展、产业技术、人才发展、创新政策等五个部分分篇、分章，编撰成书，以飨读者。在此，非常感谢创新创业研究团队和各个课题组的成员，每篇调研报告都是由研究团队成员分工协作、认真撰写、集体完成的。非常感谢省委政策研究室、省委组织部、省发展改革委、省科技厅、省工信厅、省科协、省科学院、南京理工大学及各个市县的相关单位、领导同志和同事同仁，每项调研工作都离不开他们的协调支持和调研参与。

编写本书的主要目的是为区域创新发展领域的研究学者、科技工作者及相关组织机构提供一定参考和借鉴。不足之处，望各位读者多提供意见和建议。

李钊

2020 年 9 月 6 日